江苏省苏州第十中学校

"教师智库"校本教材·科学系列一

纳米科技与艺术实验

NAMI KEJI YU YISHU SHIYAN

赵元元　任红轩　编著

苏州大学出版社
Soochow University Press

图书在版编目(CIP)数据

纳米科技与艺术实验/赵元元,任红轩编著. —苏州:苏州大学出版社,2019.12
江苏省苏州第十中学校"教师智库"校本教材. 科学系列一
ISBN 978-7-5672-2989-1

Ⅰ.①纳… Ⅱ.①赵… ②任… Ⅲ.①科学实验－中学－教学参考资料 Ⅳ.①G634.73

中国版本图书馆 CIP 数据核字(2019)第 268093 号

书　　名 :	纳米科技与艺术实验
编　　著 :	赵元元　任红轩
责任编辑 :	刘　海
装帧设计 :	刘　俊
出版发行 :	苏州大学出版社(Soochow University Press)
社　　址 :	苏州市十梓街1号　邮编:215006
照　　排 :	镇江文苑制版印刷有限责任公司
印　　刷 :	苏州工业园区美柯乐制版印务有限责任公司
邮购热线 :	0512-67480030
销售热线 :	0512-67481020
开　　本 :	889 mm×1 194 mm　1/16　印张:10.75　字数:193千
版　　次 :	2019年12月第1版
印　　次 :	2019年12月第1次印刷
书　　号 :	ISBN 978-7-5672-2989-1
定　　价 :	39.00元

若有印装错误,本社负责调换
苏州大学出版社营销部　电话:0512-67481020
苏州大学出版社网址　http://www.sudapress.com
苏州大学出版社邮箱　sdcbs@suda.edu.cn

江苏省苏州第十中学校
"教师智库"校本教材·科学系列一
编委会

主　　编：周　颖　陈　瑶

副 主 编：徐　磊　段守亮

编委会：周　颖　徐　磊　段守亮　冯晓艳
　　　　陈　瑶　梁彩英　张　金　束富强
　　　　庄　浩　唐　岚　张毅敏　钱小敏
　　　　丁一泽

编写说明

江苏省苏州第十中学校自办学以来一直坚持两大办学宗旨——追求"振兴中华"的社会价值、追求"诚朴仁勇"的个人价值。"爱国奋进、实事求是、自强不息"是学校一脉相承的文化底色。"爱国奋进"是学校教育的终极追求,是立德树人的校本表达,目的是培养学生的爱国之心和社会责任感。"实事求是"是尊重教育教学规律和学生身心成长规律,培养学生的科学理性。"自强不息"是对学生人格的培养和精神的锤炼,是学校师生把握机遇、迎接挑战、战胜困难、永争一流的精神和实践。

本书是基于学校与中国科学院联手打造的纳米科技与艺术实验室及环境科学实验室的硬件条件,结合物理、化学、生物和艺术等学科的学习内容,而开发设计的适用于中学生拓展思路、普及科技知识、开展探究实验和项目研究、开发创新思维的科学创新课程配套教材。

1. 培训对象通过本课程的培训,能够掌握基础实验知识、基础实验操作技巧。

2. 培训对象通过本课程的学习,能够科学、安全地使用探究实验室设备、器具,并且能正确处理紧急情况。

3. 本书较全面地涵盖了纳米基础的相关内容。由课程内容可以衍生出无数的探究性课题,包括以应用为导向的课题,如太湖水处理研究、污染土壤的治理研究等;以材料功能为导向的课题,如复合功能材料应用(光、电、磁)相关研究等。

4. 通过本课程的学习,教师学员能够灵活运用探究实验室辅助课堂教学,把教学内容与探究实验有机结合,同时有能力指导学生开展探究型实验。学生通过本课程的学习,能够开展探究式学习,培养发现问题、解决问题的思维方式,挖掘自身潜能,初步具备发现问题、解决问题的能力。

本课程,特别是后期的探究性课题研究,旨在锻炼和提升学生"爱国奋进、实事求是、自强不息"的思想品质,选拔和培养出具有学科特长、创新潜质的优秀中学生,为国家"基础学科拔尖学生培养计划"输送后备力量,促进中学教育与大学教育相衔接,建立高校与中学联合发现和培养青少年科技创新人才的有效模式,为青少年科技创新人才的不断涌现和成长营造良好的环境。

本书编者
2019 年 9 月 12 日

目　录

第一章　仪器设备的使用方法 ·· 1

实验一　离心机的使用 ·· 1

实验二　802 台式电动离心机的使用 ·· 3

实验三　旋转蒸发仪的使用 ··· 5

实验四　恒温水浴的使用 ·· 7

实验五　恒温油浴的使用 ·· 9

实验六　恒温摇床的使用 ··· 11

实验七　不锈钢小型超声波清洗机（红日） ····································· 13

实验八　桌面超声清洗机（墨洁）的使用 ·· 18

实验九　红外光谱仪的使用 ··· 20

实验十　紧急喷淋装置使用 ··· 24

实验十一　纯水机的使用 ··· 25

实验十二　电热板的使用 ··· 29

实验十三　电热保温套的使用 ·· 31

实验十四　球磨机的使用 ··· 33

实验十五　电热鼓风干燥箱的使用 ·· 37

实验十六　蠕动泵的使用 ··· 39

实验十七　恒温磁力搅拌器的使用 ·· 42

实验十八　洁净工作台的使用 ·· 45

实验十九　激光粒度仪的使用 ·· 47

实验二十　均质机的使用 ··· 50

实验二十一　土壤酸度计的使用 ··· 52

实验二十二　浊度计的使用 ··· 54

实验二十三　pH 计的使用 ··· 58

实验二十四　扫描探针显微镜的使用 ··· 63

实验二十五　接触角测量仪的使用 … 69
实验二十六　紫外/可见分光光度计的使用 … 72
实验二十七　光学显微镜的使用 … 76
实验二十八　荧光显微镜的使用 … 78
实验二十九　电子分析天平的使用 … 81
实验三十　真空干燥箱的使用 … 83

第二章　立体化学结构作图软件 Chem 3D 的使用 … 86
实验一　立体化学结构作图软件 Chem 3D 的基本操作 … 86
实验二　用立体化学结构作图软件 Chem 3D 建立 3D 模型 … 89
实验三　用立体化学结构作图软件 Chem 3D 获得结构信息 … 92

第三章　纳米材料的制备及应用 … 95
实验一　四氧化三铁纳米颗粒的制备实验 … 95
实验二　超顺磁性实验 … 98
实验三　纳米氧化铁去除水中染料实验 … 99
实验四　纳米氧化铁的类酶催化实验 … 101
实验五　纳米二氧化钛的制备实验 … 104
实验六　纳米二氧化钛使染料褪色实验 … 106
实验七　镜子的防雾实验 … 108
实验八　眼镜的防雾实验 … 109
实验九　玻璃自洁实验 … 110
实验十　纳米金胶体的制备实验 … 112
实验十一　氧化铁粒径的激光粒度仪检测实验 … 114
实验十二　纳米二氧化钛的激光粒度仪检测实验 … 116
实验十三　纳米金的激光粒度仪检测实验 … 117
实验十四　纳米氧化铁形貌的扫描探针显微镜表征实验 … 118
实验十五　纳米二氧化钛形貌的扫描探针显微镜表征实验 … 123
实验十六　纳米金形貌的扫描探针显微镜表征实验 … 124
实验十七　自洁玻璃的浸润性研究 … 125
实验十八　纳米氧化铁去除水中罗丹明 B 的效果实验 … 126
实验十九　纳米二氧化钛去除水中甲基橙的效果实验 … 128
实验二十　纳米二氧化硅的制备 … 130

实验二十一　四氧化三铁/二氧化硅核壳复合纳米粒子的制备 ········· 132
实验二十二　双乳法制备 PEG-PLGA 纳米颗粒实验 ················ 133
实验二十三　15/50/100 nm 金颗粒及金棒的制备 ··················· 134
实验二十四　球磨法制备纳米粒子实验 ···························· 136
实验二十五　玻璃隔热效果实验 ··································· 137

第四章　纳米艺术实验 ·· 140
实验一　石墨烯模型的搭建 ······································· 140
实验二　富勒烯模型的搭建 ······································· 141
实验三　碳纳米管模型的搭建 ····································· 142
实验四　石墨烯的 3D 打印实验 ···································· 143

附录Ⅰ　浊度标准溶液的配制 ······································ 145
1　零浊度水的制备 ·· 145
2　福尔马肼(Formazine)浊度标准溶液的制备 ····················· 146
3　浊度标准溶液稀释配制表 ····································· 148

附录Ⅱ　探究型课题指导总则 ······································ 149

附录Ⅲ　实验室安全规章制度 ······································ 159
1　实验室安全管理规定 ··· 159
2　实验室安全操作规范 ··· 160
3　科学探究实验室安全制度 ····································· 163
4　科学探究实验室教学仪器管理制度 ····························· 164

第一章 仪器设备的使用方法

实验一 离心机的使用

根据物质的沉降系数、质量、密度等的不同，应用强大的离心力使物质分离、浓缩和提纯的方法称为离心。离心机是利用离心力对混合液（含有固形物）进行分离和沉淀的一种专用仪器。实验室常用的电动离心机有低速离心机、高速离心机，低速冷冻离心机、高速冷冻离心机，以及超速分析、制备两用冷冻离心机等多种型号。其中以低速（包括大容量）离心机和高速冷冻离心机的应用最为广泛，是分子生物学、生物化学研究和工业生产不可缺少的设备。

一、实验目的

1. 了解离心机的原理及功能。
2. 掌握离心机操作规程。

二、工作原理

离心分离技术是借助离心机旋转所产生的离心力，根据物质颗粒的沉降系数、质量、密度及浮力等因子的不同，而使物质分离的技术。

主要设备参数：最高转速 16500 rpm；最大离心力 21532 xg。环境要求：温度 10~35 ℃；相对湿度≤80%；温度设置范围 -20~40 ℃。离心管容积 1.5 mL。

三、实验材料和设备

电子天平、滤纸、1.5 mL 的离心管、样品、移液枪或滴管。

四、实验步骤

1. 检查转子及离心管：认真检查转子和离心管，确保转子和离心管上没有裂纹或损伤。检查完毕后，正确安装转子。用双手抱握住转子底部，将转子垂直落放在电机驱动轴上，接着将 T 型内六角扳手插入转子中心顺时针旋转螺钉至转子压紧转子座，以转子体锥面与驱动轴面紧密接触为准。

2. 样品准备：准备好离心管，并将所有离心样品配平至等重状态。为避免离心过程中液体渗出，液面不要超过离心管 3/4 高度处。

3. 离心管样品的质量差绝对不允许超过 0.5 g。此数值为高速离心机允许的最大不平衡量。

4. 离心机装样：将称量配平的离心管以中心对称的方式放入转子。必须确保转子中对称的两个离心管等重。放置完毕后，旋转好转子盖。

5. 水平转子的所有空间位置必须装载同类的离心管。

6. 关闭门盖：将门盖向下合到底，这时可以听到锁钩扣住插销发出的"咔嚓"声，用手往上扳，确保门盖打不开。

7. 设置转子号、转速、时间、加/减速挡位等参数。

8. 离心进行：按"START"按钮启动离心机，"启动"指示灯亮，离心进行。待设置的运行时间倒计时到零时，离心机自动减速停止运行。当"停止"指示灯亮，离心机转速为零时，可以打开门锁。若在运行过程中需要停止离心，可以按"STOP"键，使离心机减速停止运行。同样，当转速为零时，可以打开门锁。

9. 离心管的取出：当转子停止旋转后，按"STOP"键将自动打开门盖（仪器运行过程中禁止打开门盖），取出离心管。

10. 卸转子：用T型扳手拧松锁紧的螺帽，转子往上移动就可卸下转子。

11. 关闭电源：实验完成后，应将离心机后方的电源开关往下按，关闭电源后拔出电源线插头。

12. 整理实验台面，做好仪器设备使用记录和实验记录。

五、注意事项

1. 严禁使用有裂纹、有损伤的转子和试管，否则有可能造成机器损坏或人员伤害。

2. 离心管必须配平质量，质量不可以超过最大不平衡量0.5 g。

3. 离心管必须呈中心对称放置在转子中，否则高速离心时会造成转子的损伤和操作人员的人身损伤。

4. 在对离心室进行检查并拿出除转子以外的物品前切勿开机，否则可能损伤机器。

5. 严禁超速使用转子，因为超速使用可能造成机器的损坏，甚至造成人员的伤害。

6. 若运行过程中发生停电，由于电子门锁不能动作，这时门盖会打不开。务必等转子自然降速到零时，才可拉右侧应急开门绳子，强制打开盖子。

7. 离心运行时，不要抬起或者移动离心机。

8. 用T型扳手拧松锁紧的螺帽，转子往上移动就可卸下转子。

9. 转子旋转时，不要打开盖子。

10. 每天最后一次使用完毕后应该将转子取出。

实验二　802台式电动离心机的使用

一、实验目的
学习802离心机的使用。

二、使用特点
体积较小，质量轻，容量大，能控制工作时间，操作简单，使用方便，在本实验室主要用于水和土壤样品的处理。最大相对离心力 $1795 \times g$，该离心力范围适用于医院化验室、生物化学实验室及环境分析实验室中颗粒、细胞、细菌、血清、疫苗等的定性分析和分离。

主要设备参数为：最大转速为 4000 rpm；容量为 20 mL×12；最大相对离心力 $1795 \times g$；定时范围 0~60 min 或常开。

三、实验材料和设备
离心管、实验样品、天平等。

四、实验步骤
1. 首先将离心机放在比较平整而坚实的台面上，并确保工作间整齐清洁，干燥并通风良好。将离心机的内腔和转头擦拭干净。

2. 将称量恒重的离心样品中心对称放在离心孔内，关闭离心机盖，设定离心时间，将调速旋钮调到最低位置，打开电源开关。

3. 由低速逐渐向高速调至所需要的工作速度。低速开始离心，可以检查离心机的安装状态。若确认离心机状态正常，可将离心转速直接设定在所需速度。

4. 工作完毕后，必须将调速旋钮置于最小位置，定时器置零，关闭电源开关，切断电源。

5. 擦拭离心机的内腔及转头，关闭离心机盖。整理实验台面。

6. 做好仪器设备使用记录和实验记录。

五、注意事项
1. 任何时候，在设备运转前一定要盖好离心机盖，防止危险发生，防止异物进入，以免损坏机器。

2. 工作前将空离心管呈中心对称且均匀地放入转子，让仪器高速运行 1~2 min，在确认无异常后再进行实验样品的处理。

3. 放入离心机的离心样品务必等重，严禁转头在装载不平衡的状态下运行。

4. 严禁在设备运行时搬动仪器，不可在高速运转时打开离心机盖，不可接触正在运转的转头。

5. 不要在阳光直射的地方使用设备。不可将离心机放在高温发热体旁。

6. 严禁用金属擦洗物进行擦洗；应该用软布蘸碱进行擦洗。

7. 离心机盖上不要放置任何物件。每次使用完毕后，务必清理擦拭离心机的内腔及转头，盖好离心盖。

8. 离心机若较长时间未使用，应将离心机盖开启一段时间，以干燥内腔。

实验三　旋转蒸发仪的使用

旋转蒸发仪又叫旋转蒸发器,是实验室常用设备。它由马达、蒸馏瓶、加热锅、冷凝管等部分组成,主要用于减压条件下连续蒸馏易挥发性溶剂,通常应用于化学、化工、生物医药等领域。

一、实验目的
1. 学习旋转蒸发仪的工作原理。
2. 学习旋转蒸发仪的使用。

二、工作原理

旋转蒸发仪主要用于在减压条件下连续蒸馏大量易挥发性溶剂,如蒸馏萃取液和色谱分离时的接收液,纳米材料的分离纯化等。旋转蒸发仪的基本原理就是蒸馏烧瓶在连续转动下的减压蒸馏。作为蒸馏的热源,常配有相应的恒温水槽。恒速旋转以增大蒸发面积,通过真空泵使蒸发烧瓶处于负压状态。蒸发烧瓶在旋转的同时被置于水浴锅中恒温加热,瓶内溶液在负压下在旋转烧瓶内进行加热扩散蒸发。旋转蒸发器系统可以密封减压至400～600 mmHg;用加热浴加热蒸馏瓶中的溶剂,加热温度可接近该溶剂的沸点;同时还可进行旋转,速度为50～160 rpm,这样溶剂形成薄膜,增大了蒸发面积。此外,在高效冷却器的作用下,热蒸气迅速液化,加快蒸发速度。

主要设备参数:加热功率1.5 kW,水浴锅控温范围0～99 ℃,旋转速度0～180 rpm。

三、实验材料和设备

干净容器、样品瓶、盐溶液等。

四、实验步骤

1. 将液体加入茄形瓶,液体体积以不超过1/2为宜,不可超过3/4。
2. 打开水浴锅预设温度(根据实验需要,不同挥发溶剂的预设温度不同,温度由低开始,避免暴沸)。
3. 开冷凝水(自来水龙头)。如果装有低温循环装置,待降到所需温度后再开冷凝。
4. 装上茄形瓶并用夹子固定好。打开真空泵,待有一定真空度后放开瓶子,打开旋转功能。(注意:装上茄形瓶后,切记不可立即松手,必须待瓶内达到一定负压后再松手，以免茄形瓶掉下来；安装瓶口部分时可加少量真空硅质油，以免抽真空时因接口部分漏气而使真空度上不去；及时调整水浴锅高度，使茄形瓶的重力与其所受的浮力相互平衡，避免旋转轴因承受过大的力而被折断，理想情况下茄形瓶内的液面最好略低于水浴液面，以免中轴受损。）

5. 调节蒸馏烧瓶高度、旋转速度，设定适当水浴温度。水浴锅内水的温度应与所旋蒸的样品的沸点相适应，这可以从回流管的回流液状态看出，以回流液呈滴状而非呈水流状时为佳。

6. 蒸完先停止旋转，手扶蒸发瓶，再通大气，然后停水泵，最后再取下蒸馏烧瓶。

7. 停止循环水，关闭水浴锅电源，倒出接收瓶内溶剂，洗干净缓冲球、接收瓶，处理蒸馏烧瓶内的物质。

8. 整理实验台面，做好仪器设备使用记录和实验记录。

五、注意事项

1. 水浴锅通电前必须加水，在实验过程中确保水量合适，不允许无水干烧。旋蒸实验完成时一定要先停止旋转，再打开通气阀门，使旋蒸仪内外气压一致，取下茄形瓶。

2. 用旋蒸装置处理对空气敏感的物质时，在排气口接一氮气球，先通一阵氮气，排出旋蒸仪内空气，再接上样品瓶旋蒸。蒸完放氮气升压，再关泵，然后取下样品瓶封好。

3. 若样品黏度很大，应放慢旋转速度，最好手动缓慢旋转，以能形成新的液面利于溶剂蒸出。

4. 关闭仪器的时候必须先减压再关闭真空泵，防止倒吸。

5. 在实验过程中，必须有人在场，在暴沸时进行减压操作。

6. 玻璃仪器在拆装、清洗及使用时应避免撞击，以防破损。

7. 严禁使用电炉或明火直接加热，蒸发易燃、易爆、有毒、有腐蚀性的溶液或贵重溶液时，实验者必须采取相应的安全保护措施并遵守有关安全操作规定。

8. 对贵重溶液，应先做模拟工艺试验，待确认本设备能满足工艺需求后，再转入正常使用。

实验四 恒温水浴的使用

恒温水浴是以水作为传热介质，用于直接或辅助加热的精密仪器，广泛应用于生物、植物、物理、化工、医疗、环保等实验科学领域。

一、实验目的
学习恒温水浴的使用。

二、使用范围
水浴是以水为传热介质的一种加热方法。标准大气压下水的沸点为100 ℃，所以水浴加热的最高温度也就是100 ℃。所谓沸水浴，就是指在沸腾的水中加热，既然恒温水浴锅的最高工作温度能够达到100 ℃，那它就可以用来做沸水浴（如果水浴锅没问题的话，应该看得到水呈沸腾状态）。

水浴可以为化学反应、样品处理等提供一个合适的恒定的温度环境。

主要设备参数：温度范围为室温 +5～100 ℃。

三、实验材料和设备
反应瓶、溶液等。

四、实验步骤
1. 接通电源，看到电源指示灯亮，表示电源已经接通。

2. 按"电源"键，数码管亮，温控仪工作。

3. 设置所需温度。可按"SET"键和"上""下"按钮进行温度设定。温度范围为：室温 +5～99.9 ℃。

4. P 值设定。P 值为加热未到设定值提前进入间歇加热自整定模糊控制的温度数。如工作温度设定为37 ℃，P 值设定为30 ℃，加热到34 ℃时，即进入间歇加热自整定控制状态。所以，P 值可调节加热温度和控制温度偏差。P 值设定与环境温度、工作温度及注水量有关。若环境温度与工作温度差值小，注水量小，P 值应调大，反之则 P 值应调小。若实测温度高于设定温度，P 值应调大；反之，若实测温度低于设定温度，则 P 值应调小。

5. 按"上""下"按钮可设定 P 值。如此完成设定。按功能键，即进入控温状态：绿灯交替亮灭，绿灯亮表示加热，绿灯灭表示恒温。

6. 实验完成后整理实验台面，做好仪器设备使用记录和实验记录。

五、注意事项

1. 通电前应先将水注入锅内至隔板以上 5 cm 左右。在使用过程中加热管绝不可以露出水面，否则加热管将会烧毁甚至爆裂或漏水、触电。沸腾水浴时应注意盖好盖板并及时加水。

2. 加热状态下（绿灯亮时）设定无效，所以不能在绿灯亮时修改设定。

实验五　恒温油浴的使用

恒温油浴适用于生物、病毒、遗传、环保、医学、卫生、化学、植物等学科，作精密恒温的直接加热和辅助加热之用，具有温控精确、操作简单和使用安全的特点。

一、实验目的
学习恒温油浴的使用。

二、使用范围
油浴是以油为传热介质的一种加热方法。当使用温度在 100～300 ℃ 范围时，可以采用恒温油浴锅。根据加热油的不同温度范围，常用油有甘油、液状石蜡、硅油、真空泵油或一些植物油。甘油可以加热到 140～150 ℃，温度过高时则会分解。甘油吸水性强，放置过久的甘油，在使用前应首先加热蒸去其所吸收的水分，之后再用于油浴。甘油和邻苯二甲酸二丁酯的混合液适用于加热到 140～180 ℃，温度过高则易被分解。植物油如菜油、蓖麻油和花生油等可以加热到 220 ℃；橄榄油能加热到 360 ℃。液状石蜡可加热到 220 ℃，温度稍高时虽不易分解，但易燃烧。固状石蜡也可加热到 220 ℃ 以上，其优点是室温下为固体，便于保存。硅油和真空泵油的加热温度都可达到 250 ℃，热稳定性好，但价格较贵。可加热温度较高的是橄榄油，其着火点在 360 ℃，通常情况下使用这种油较为安全。在使用油时，如果加热油使用时间较长，应及时更换，否则易出现溢油着火。在使用植物油时，由于植物油在高温下易发生分解，可在油中加入 1% 对苯二酚，以增加其热稳定性。在油浴加热时，必须注意采取措施，不要让水溅入油中，否则加热时会产生泡沫或引起飞溅。在油浴锅的使用过程中应有固定人员值守，以免发生意外。

主要设备参数：温度范围在室温至 300 ℃；加热功率为 600 W；数显分辨率为 0.1 ℃。

三、实验材料和设备
反应瓶、溶液等。

四、实验步骤
1. 向锅内加导热油（如硅油），可按需要的容量加入，但不能低于循环油泵的进油高度。

2. 小心地放入样品或样品瓶，注意确保样品或样品瓶与油的接触面是干净无水的。

3. 打开控温开关，在控温仪上设定好所需温度即可。

4. 第二和第三步骤可视实验所需进行调整。

5. 做好仪器设备使用记录和实验记录。

五、注意事项

1. 油浴锅不要在换气差的场所使用，要远离火源、易发生火花地点，以免引起火灾。

2. 禁止在无油的情况下空烧，那样会引起漏电、发生火灾，烧坏加热管。禁止用湿手在湿气过多的地方进行操作，那样有漏电触电的危险。电源必须使用接地插头。严禁与照明线共用电路，谨防因超负荷用电着火。避免独自一人在实验室做危险实验。

3. 由于该仪器使用温度较高，使用时务必戴好防护手套，以免烫伤。

4. 在超过100 ℃条件下放置样品时，试剂瓶外部不得有任何水滴，以免油液飞溅。

5. 若油箱较长时间不使用，应将工作室水箱中的水或油排除，用软布擦净并晾干。

6. 使用时应加入洁净的水或油，水或油面应加至隔板以上规定的液位。严禁无液或低液面加热，以防加热管干烧损坏。

7. 严禁各种溶液进入控制箱及底板内，以免损坏电子元件。

8. 工作时切勿经常开关电源，以确保加热器的使用寿命。使用完毕后，所有开关要处于关闭状态，拔下电源插头。

9. 夏天时内外温度差异大，当温度达到30 ℃时，液位控制在容积的80%左右。如果没有控制液位，遇到高温有溢出现象时就会有起火、短路、触电的危险。

10. 禁止使用可燃性、挥发性高的油。所使用的油，要根据温度和实验要求来定，温度低的用甘油，温度高的用棉籽油。一般情况下，恒温油浴锅常用的油包括油 NO.1、油 NO.2、橄榄油、棉籽油、硅油、液状石蜡、麻油、机油、变压器油。这些油中橄榄油、棉籽油、麻油的闪点都在300 ℃左右。

11. 实验所需温度绝不可以接近油浴的着火点。如果箱内液体出现污垢，应及时更换。

实验六　恒温摇床的使用

恒温摇床适用于对温度、振荡频率有较高要求的细菌培养、发酵、杂交、生物化学反应以及酶、细胞组织等的研究，在医学、生物学、分子学、制药、食品、环保等研究领域有着广泛而重要的应用。

一、实验目的
学习恒温摇床的使用。

二、恒温摇床简介
气浴恒温振荡器（又称空气恒温摇床）是一种温度可控的恒温培养箱和振荡器相结合的生化仪器，适用于各大中院校、医疗、石油化工、卫生防疫、环境监测等科研部门，作生物、生化、细胞、菌种等各种液态、固态化合物的振荡培养之用。既可用于样品的混合、萃取，也可用于一些材料的制备或化学反应等特殊实验条件的构建。

主要设备参数如下：

恒温范围为室温 +5～70 ℃；加热功率为 300 W；定时范围在 0～120 min（或常开）；振荡频率在 40～250 rpm，可调；振荡幅度为 20 mm；振荡方法为回旋。

三、实验材料和设备
培养瓶、反应液等。

四、实验步骤

1. 接通电源，在仪器控制面板设定定时时间，如果时间不确定，可将定时器调至"常开"位置，手动停止。

2. 打开电源开关，设定恒温温度

（1）将控制部分小开关置于"测量"端，此时显示屏显示的温度为箱内空气的实际温度，随着箱内气温的变化，显示的数字也会相应变化。

（2）当加热到所需的温度时，加热会自动停止；当箱内的热量散发，低于所设定的温度时，新的一轮加热又会开始。

（3）将控制小开关置于"设定"段，此时显示屏显示的温度为设定的温度，调节旋钮，设置到工作所需温度即可（设定的工作温度应高于环境温度，这样机器才会开始加热，否则机器不工作）。

3. 将反应液装入烧瓶或试管，并保持平衡，设定振荡方式。

4. 开启振荡装置

（1）打开控制面板上的振荡开关，指示灯亮。

（2）调节振荡速度旋钮至所需的振荡频率。

5. 工作完毕切断电源，置调速旋钮与控温旋钮至最低点。清洁机器，保持干净。

五、注意事项

1. 机器的工作平面不能过度平滑（例如瓷砖等），应将仪器放在坚硬牢固的平面上，并确保其处于水平状态。

2. 仪器表面不可与汽油、香蕉水等挥发性化学品接触。

3. 仪器离墙离物必须保持约 10 cm 的距离，整机严禁在阳光直射的环境中使用。

4. 开启仪器箱门前应确认托盘已处于静止状态；调速应从低速向高速慢慢起动。

5. 机器在高速振荡时可能会有一定的移位，因此在使用时应有人看管。

6. 保持箱内外洁净，经常清理杂物、污迹。

实验七　不锈钢小型超声波清洗机（红日）

超声波清洗机除了清洗功能外，还具有提取、乳化、加速溶解、粉碎、分散等多种功能，广泛应用于机械、电子、塑胶、仪器仪表、环保、医药、包装、军工、航天航空、船舶、汽车等行业的制造及维修清洗；实验材料吸管、吸咀及器皿的清洁，层析前的脱气处理，医疗器械、医用材料及用具的清洁；珠宝、首饰、手表、贵重金属、宝石、硬币、眼镜等的清洗。

一、实验目的
1. 了解超声波清洗的原理。
2. 了解超声波清洗机的使用范围。
3. 学习超声波清洗机的使用。

二、工作原理

超声波在本质上和声波是一样的，都是机械振动在弹性介质中的传播过程，超声波和声波的区别仅在于频率范围的不同。声波是指人耳能听到的声音，一般认为声波的频率在 20～20000 Hz，而振动频率超过 20 kHz 以上的声波则称为超声波。超声波中振动频率在 100 kHz 以下的称为低频超声波；振动频率在 100 kHz 以上到数十兆赫的称为高频超声波。用于清洗的超声波所采用的频率为 20～400 kHz，属于低频及高频超声波的范围。超声波清洗时，在超声波的作用下，机械振动传到清洗槽内的清洗液中，使清洗液体内交替出现疏密相间的振动，液体不断受到拉伸和压缩。疏的地方受到拉伸，形成 50～500 μm 的微气泡（空穴）；密的地方受到压缩。由于清洗液内部受超声波的振动而频繁地拉伸和压缩，结果微气泡不断地产生和不断地破裂。微气泡破裂时，周围的清洗液以巨大的速度从各个方向伸向气泡的中心，产生水击。这种现象可以通过肉眼直接观察到，即在清洗液中可以看到有剧烈活动的气泡，而且清洗液上下对流。此时若将手指浸入清洗液中，会有强烈针刺的感觉。上述这种现象称为超声空化作用。超声清洗就是利用了空化作用的冲击波，其清洗过程由下列几个因素所引起：

（1）因空泡破灭时产生强大的冲击波，污垢层在冲击波的作用下被剥离下来，即分散及脱落。

（2）因空化现象产生，由冲击形成的污垢层与表面之间的间隙和空隙渗透，由于这种小气泡与声压同步膨胀、收缩，产生像剥皮那样的物理力重复作用于污垢层，污垢一层层被剥开，小气泡再继续向前推进，直到污垢层被剥下为止。这就是空化二次效应。

(3) 超声波清洗中清洗液的超声振动本身对清洗的作用力；

(4) 清洗剂也溶解了污垢，产生乳化分散的化学力。

(5) 空化阈与介质的黏滞性有关，黏度大，则表面张力大，空化阈高。

(6) 空化阈与液体含气量有关，含气量越少，则空化阈越高。

(7) 空化阈与清洗液温度有关，清洗液温度升高，对空化有利。但当清洗液温度过高时，气泡中的蒸气压增大，因为在气泡闭合期增强了缓冲作用而使空化减弱。而温度还与清洗液的溶解度有关，对于水清洗液较适宜的温度约为60 ℃。

在超声空化作用一定时间后，被清洗件上的污垢逐渐脱落（当然也有清洗液本身的作用在内），这就是超声波清洗的基本原理。较长时间的超声空化作用会使被清洗件表面的基体金属有一定程度的剥落，这称为空化的浸蚀作用。超声冲击波能在液体中产生微冲流，具有搅拌作用。在不相溶的两相液体中，微冲流能促使两液相面加速互相分散，具有乳化作用。超声空化的产生是依附于空化核进行的，而被清洗件表面的缝隙正好是空化核的中心。总之，超声波清洗是超声空化作用、浸蚀作用、搅拌作用、乳化作用及空化核作用的综合表现。其中空化作用在超声波清洗中起主要作用，它能破坏污垢微粒在被清洗件表面的黏附状态，再加上微冲流的作用，使清洗液产生振动和搅拌，将污垢从被清洗件表面清除干净。而乳化作用则使清洗下来的油污很快地分散、乳化在清洗液中。

应当指出，在超声波清洗过程中，除了超声波的上述作用外，还有所采用的清洗液的浸润、浸透、乳化、分散及溶解等作用，其综合作用必然会大大加速清洗过程，提高清洗效果。

超声波清洗效果及相关参数：

(1) 清洗介质。采用超声波清洗，一般有两种清洗剂：化学清洗剂和水基清洗剂。清洗介质是化学作用，而超声波清洗是物理作用，两种作用相结合，对物体进行充分、彻底的清洗。

(2) 功率密度：超声波的功率密度越高，空化效果越强，速度越快，清洗效果越好。对于精密的、表面光洁度甚高的物体，单采用长时间的高功率密度清洗会对物体表面产生"空化"腐蚀。

(3) 超声波频率。超声波频率越低，在液体中产生空化越容易，作用也越强。频率高则超声波方向性强，适合于精细的物体清洗。

（4）一般来说，超声波在 30～40 ℃时空化效果最好。对清洗剂来说，其温度越高，作用越显著。通常实际应用超声波清洗时，采用 30～60 ℃的工作温度。

超声波清洗特点：

（1）清洗效果好。就清洗方式而言，应用于工业清洗的清洗方式一般为手工清洗、有机溶剂清洗、蒸汽气相清洗、高压水射流清洗和超声波清洗。不论工件形状多么复杂，将其放入清洗液内，只要是能接触到液体的地方，超声波的清洗作用都能实现。尤其是对于形状和结构复杂、手工及其他清洗方式不能完全有效地进行清洗的工件，具有显著的清洗效果。清洗时液体内产生的气泡非常均匀，工件的清洗效果也非常均匀一致。超声波清洗可根据不同的溶剂达到不同的效果，如除油、除锈或磷化，配合清洗剂的使用，加速污染物的分离和溶解，可有效防止清洗液对工件的腐蚀。

（2）清洗成本低。在所有清洗方式中，清洗成本大体可分为设备成本和消耗成本。超声波清洗设备使用寿命约为 10 yrs，设备购置成本高于手工清洗和有机碱性溶剂刷洗，低于气相清洗和高压水射流清洗。对于消耗成本，以功率为 1 kW、价格约为 1 万元的超声波清洗机为例，工作 1 h，耗电 1°，费用约为 0.5 元，碱性金属清洗剂 1 kg，价格约为 20 元，可反复使用 20～50 h（根据污染程度而定），相当于 0.4～1 元/h，而一般工件清洗时间仅为 3～15 min，且可对一定数量及体积的工件同时进行清洗，因此对于消耗成本而言，采用超声波清洗，不仅清洗效果最好，而且清洗成本相当于单件清洗成本不到 0.04 元，还不算节省的劳动力成本，远远低于其他各类清洗方法的成本。

（3）超声波清洗与其他清洗方法的比较。吹式清洗、浸润式清洗、蒸气式清洗、刷子清洗、超声清洗的残留率分别为 86%、70%、65%、8%、0.5%。

主要设备参数：超声功率 50 W、容量 2 L、超声频率 40 kHz、时间 0～15 min。

三、使用范围

机械行业：防锈油脂的去除，机械零部件的除油除锈，发动机、化油机及汽车零件的清洗，过滤器、滤网的疏通清洗等。

表面处理行业：电镀前的除油除锈，离子镀前清洗、磷化处理，清除积炭，清除氧化层、清除抛光膏，金属工件表面活化处理等。

仪器仪表行业：量具的清洗，精密零件装配前的高清洁度清洗等。

电子行业：印刷线路板除松香、焊斑；高压触点等机械电子零件的清洗等。

医疗行业：医疗器械的清洗、消毒、杀菌，实验器皿的清洗等。

半导体行业：半导体晶片的高清洁度清洗。

钟表、首饰行业：清除油泥、灰尘、氧化层、抛光膏等。

化学、生物行业：实验器皿的清洗、除垢；样品的处理及制备等。

光学行业：光学器件包括眼镜的除油、除汗、清灰等。

纺织印染行业：纺织锭子、喷丝板的清洗等。

石油化工行业：金属滤网的清洗疏通、化工容器、交换器的清洗等。

四、实验材料和设备

样品瓶、溶液等。

五、实验步骤

1. 在清洗槽内加入适量的清洗溶液（普通清洗使用水即可。当物品较长时间未清洗或污垢较多时，请加入适当的清洗剂，以增强洗净效果。对于体型较长的物品可分段清洗）。

2. 接通电源（应确保所供电源可控接地），将超声定时开关向右旋转，可在 1～20 min 内选择调整工作时间；往左旋转到"ON"位置，则可连续工作，超声波清洗槽内会因工作而发出"滋滋"声，超声波指示灯亮（连续工作不可超过 1 h）。

3. 如需加温，可将加热旋转开关调至所需温度，此时加热指示灯亮。温度以 40～60 ℃为宜（根据不同物品的具体情况适当加温）。

4. 选择不同模式，超声处理完成。将超声定时旋钮旋转或自动恢复到"OFF"位置，超声波停止运行，指示灯熄灭。

5. 超声清洗完成后，断开整机电源，倒掉清洗液，用干净抹布对槽体外围进行清洁保养，将产品放置于阴凉干燥的地方保存，以备下次使用。

六、清洗效果影响因素

1. 超声波功率密度：功率密度越高，清洗效果越好，清洗效率越快。对于难以清洗的工件宜采用大功率密度，对于精密工件宜采用小功率密度（一般清洗剂超声功率密度宜选在 0.01～0.02 W/mL）。

2. 清洗温度：超声波在 40～50 ℃时空化效果最好，温度越高，越有利于污物分解。当温度达到 70～80 ℃以后，会影响超声波发挥作用，降低清洗效果。

3. 清洗时间：清洗时间越长，效果越好（特殊材料除外）。

4. 其他影响因素：如清洗液的选择，污垢的种类及物理（化学）性质等。

七、注意事项

1. 将机器放置在通风干燥处,确保机器处于水平状态。

2. 按清洗物件的特性选择合适的清洗剂、水或其他溶液;只有在加水后才可开机操作。

3. 产品清洗温度在 20~80 ℃ 范围内任意可调,超声工作时间在 0~20 min 内任意可调,满足多种清洗要求。

4. 超声波正常运行时应听到超声波与槽体谐振的均匀声音,且清洗液表面无激荡,只有空穴爆破引起的水花。如果有间歇性振荡,请加入些许清洗液或减少些许清洗液,消除振荡有利于清洗物件。

5. 在保证清洗物件洁净的前提下,尽可能间断性工作(因为长时间超声工作会使机箱内积聚的温度升高,加速箱内电子器件的老化)。

6. 绝不可使用易燃的清洁剂。

7. 当清洗槽内无清洗液时,禁止开启加热或超声功能。如果发生无水干烧,机器将会被烧坏,且易发生火灾。

8. 防止清洗液和水溅入机箱内或溅到换能器上(将会造成机器漏电和断路,同时会造成换能器损坏)。

9. 如有异物落入槽底,应立即取出。

10. 换液或排液时,请确保槽内清洗液为常温,超声功能处于关闭状态,且电源插头已拔出。

11. 使用完毕后应清除清洗槽中的污垢,并保持机器外表清洁。

实验八　桌面超声清洗机（墨洁）的使用

超声波清洗机利用超声波清洗的原理，可以达到物件全面洁净的清洗效果，特别对深孔、盲孔、凹凸槽的清洗而言是最理想的设备，不影响任何物件的材质及精度。同时在生化、物理、化学、医学科研的实验中可作提取、脱气、混匀、粉碎、纳米分散之用。

一、实验目的

学习超声波清洗机的使用。

二、工作原理

桌面超声清洗机的原理可以参照不锈钢小型超声波清洗机（红日），其主要设备参数如下：

加热温度为室温至 70 ℃；加热功率为 200 W；功率可调在 25%～100%；超声功率为 100 W；容量为 3 L；超声频率为 40 kHz；时间在 0～60 min。

三、实验材料和设备

样品瓶、溶液等。

四、实验步骤

1. 按清洗所需加入适量的清洗液于清洗槽内（清洗液种类：清水、酒精、洗板水、除油剂或洗洁精等。清洗液的选择由被清洗的物件决定）。清洗液通常加至槽体高度的 2/3 左右，且一定要浸没过被洗的工件。切忌将沸液注入槽内，以免骤冷骤热导致换能器脱落。

2. 打开电源开关，通电后，按下排上下箭头键调整超声波工作时间。工作时间可在 1～60 min 之间自由设定。定好时间后，启动超声。

3. 按回旋键可在温度设置和功率调整之间切换。按"SET"键设置温度"Actual℃"为实际温度，按上排上下箭头键设置工作温度。温度可在 0～70 ℃之间自由设定。也可在功率调整状态下，以"SET"键设置超声波功率，按上下箭头键进行调整。功率可在 25%～100%之间调整，当功率设置为 100%时，显示"P - ON"。

4. 在任何状态下，按电源按钮将关闭所有功能，进入待机状态。

5. 云功能设置：按下"云功能"键后可进入系统，调出已设定好的 8 组超声条件数据进行使用。详见仪器使用说明书。

6. 清洗完毕后务必断开整机电源。

五、注意事项

1. 如需要加热，放入清洗液体和清洗件后，液位必须高于 2/3 槽体高度。

2. 不可在无清洗液的情况下进行任何操作。

3. 清洗时间过长后机器内部会升温，连续使用会缩短机器寿命，建议使用 60 min 后休息 15 min 再继续清洗。

4. 请适当选择清洗液、清洗时间、功率大小，以免灼蚀清洗件。

5. 水的清洗效果最佳的温度是在 40~60 ℃。

6. 在清洗过程中不要经常摇晃槽体内的液体（保证机器负载稳定，能延长机器的寿命）。

7. 清洗完毕后，不要将清洗液体长时间存放在槽体内。

8. 清洗机器时禁止用水直接冲洗。

9. 清洗完毕后请断电。

10. 请在通风干燥场所使用超声波清洗机。

实验九 红外光谱仪的使用

红外光谱仪是利用物质对不同波长的红外辐射的不同吸收特性，进行分子结构和化学组成分析的仪器。

一、实验目的
1. 学习红外压片机的使用。
2. 学习红外光谱仪的使用。

二、工作原理

当一束具有连续波长的红外光通过物质，物质分子中某个基团的振动频率或转动频率和红外光的频率一样时，分子就吸收能量并由原来的基态振（转）动能级跃迁到能量较高的振（转）动能级，分子吸收红外辐射后发生振动和转动能级的跃迁，该处波长的光就被物质吸收。所以，红外光谱法实质上是一种根据分子内部原子间的相对振动和分子转动等信息来确定物质分子结构和鉴别化合物的分析方法。将分子吸收红外光的情况用仪器记录下来，就得到红外光谱图。红外光谱图通常用波长（λ）或波数（σ）作为横坐标，表示吸收峰的位置；用透光率（$T\%$）或者吸光度（A）作为纵坐标，表示吸收强度。

当外界电磁波照射分子时，如照射的电磁波的能量与分子的两能级差相等，该频率的电磁波就被该分子吸收，从而引起分子对应能级的跃迁，宏观表现为透射光强度变小。电磁波能量与分子两能级差相等为物质产生红外吸收光谱必须满足的条件之一，这决定了吸收峰出现的位置。

红外吸收光谱产生的第二个条件是红外光与分子之间有耦合作用。为了满足这个条件，分子振动时其偶极矩必须发生变化。这实际上保证了红外光的能量能传递给分子，这种能量的传递是通过分子振动偶极矩的变化来实现的。并非所有的振动都会产生红外吸收，只有偶极矩发生变化的振动才能引起可观测的红外吸收，这种振动称为红外活性振动；偶极矩等于零的分子振动不能产生红外吸收，这种振动称为红外非活性振动。

分子的振动形式可以分为两大类：伸缩振动和弯曲振动。前者是指原子沿键轴方向的往复运动，振动过程中键长发生变化。后者是指原子垂直于化学键方向的振动。通常用不同的符号表示不同的振动形式。例如，伸缩振动可分为对称伸缩振动和反对称伸缩振动，分别用 v_s 和 v_{as} 表示。弯曲振动可分为面内弯曲振动（δ）和面外弯曲振动（γ）。从理论上来说，每一个基本振动都能吸收与其频率相同的红外光，在红外光谱图对应的位置上出现一个吸收峰。实际上有一些振动分子没有偶极矩变化，是红外非活性的；另外有一些振动的频率相同，发生简并；还有一些振动频率超出了仪器可以检测的范围，这些都使得实际红外光谱图中的吸收峰数目大大低于理论值。

组成分子的各种基团都有自己特定的红外特征吸收峰。不同化合物中，同一种官能团的吸收振动总是出现在一个窄的波数范围内，但它不是出现在一个固定波数上，具体出现在哪一波数，与基团在分子中所处的环境有关。引起基团频率位移的因素是多方面的，其中外部因素主要是分子所处的物理状态和化学环境，如温度效应和溶剂效应等。对于导致基团频率位移的内部因素，迄今已知的有分子中取代基的电性效应，如诱导效应、共轭效应、中介效应、偶极场效应等；机械效应，如质量效应、张力引起的键角效应、振动之间的耦合效应等。这些问题虽然已有不少研究报道，并有较为系统的论述，但是，若想按照某种效应的结果来定量地预测有关基团频率位移的方向和大小，却往往难以做到，因为这些效应大都不是单一出现的。这样，在进行不同分子间的比较时就很困难。

另外，氢键效应和配位效应也会导致基团频率位移，如果发生在分子间，则属于外部因素；若发生在分子内，则属于分子内部因素。

红外吸收谱带的强度是一个振动跃迁概率的量度，而跃迁概率与分子振动时偶极矩的变化大小有关，偶极矩变化愈大，则谱带强度愈大。偶极矩的变化与基团本身固有的偶极矩有关，故基团极性越强，振动时偶极矩变化越大，吸收谱带越强；分子的对称性越高，振动时偶极矩变化越小，吸收谱带越弱。

红外光谱仪通常由光源、单色器、探测器和计算机处理信息系统组成。当样品吸收了一定频率的红外辐射后，分子的振动能级发生跃迁，透过的光束中相应频率的光被减弱，造成参比光路与样品光路相应辐射的强度差，从而得到所测样品的红外光谱。

红外光谱分析是一项专业性很强的分析技术，大家可以参阅《红外光谱分析》等书籍，网上也有很多关于红外光谱分析的较为专业的介绍，大家可参考学习。

三、实验材料和设备

溴化钾晶体、研钵、压片机、溶液等。

四、实验步骤

1. 开机

（1）打开计算机，进入 Windows 系统。

（2）打开红外分光光度计主机开关。

（3）在桌面上单击"WGH-30/30A 型双光束红外分光光度计"快捷方式即可启动控制处理系统。

（4）进入系统后显示工作界面，同时弹出一个对话框，提示用户当前正在分别进行狭缝初始化、光栅初始化、滤光片初始化和核准。所有工作结束后波数位置在 4000 cm^{-1} 处。

2. 光谱测定

（1）取下样品室盖。

（2）在参比光束中（后侧）放置参比物（如空白 KBr 片）。

（3）在样品光束中（前侧）放置经适当处理的样品。

3. 扫描

点击菜单中的"单程"仪器开始扫描，供试品红外吸收光谱实时显示在荧光屏上，扫至 4000 cm^{-1}，仪器自动停止扫描。

4. 每次扫描完毕后，一定要将激光器复位。

5. 记录光谱图

（1）观察荧光屏上显示的光谱图是否满意（包括基线最强吸收峰强度有无干涉条纹等），如满意即可记录。

（2）确认图谱后，可根据需要确定不同的打印格式，打印红外光谱。

6. 关机

测定工作完成后，先关闭红外软件，再关闭红外主机电源，按照 Windows 操作系统的要求逐级关闭窗口，关闭计算机主机、显示器等。

7. 清洁仪器和工作台，填写"仪器使用记录"。如有异常，操作人员或负责人应及时告知设备管理员进行维修。

五、注意事项

1. 供试品测试完毕后应及时取出（长时间放置在样品室中会污染光学系统，引起性能下降）。样品室应保持干燥，应及时更换干燥剂。

2. 压片机压片时，压力表压力在 15 MPa 左右即可（不可超过 20 MPa）。

3. 压片模具应放于油压机红圈中央，以免油压机损坏，影响药品均匀受力。

压片磨具用毕后，一定要擦拭干净（无水乙醇和丙酮的混合溶液或无水乙醇溶剂），绝不能留有样品或赋形剂在上面，以免腐蚀磨具。

4. 测试样品时，尽量减少室内人数，使 CO_2 降低到最低限度，以保证图谱质量。

5. 测定前须检查仪器室内的温度及湿度是否符合要求，并检查样品室或支架内有无异物。

六、维护保养

1. 在使用仪器的过程中，不得擅自对仪器加以调整，更不可拆卸其中的零件，尤其是不可随意擦拭光学镜面。

2. 定期对仪器的性能指标进行检测。

3. 每次测试结束后，先取出样品，再切断电源。

4. 长期不用仪器时，注意环境的温度（20±5 ℃）和湿度（65%以下）。

5. 擦拭样品室及外壳，每周至少 1 次。

6. 仪器维护保养完毕后，填写"维护保养记录"，并由设备负责人或实验室负责人进行确认。

实验十　紧急喷淋装置使用

紧急喷淋洗眼器是在有毒有害危险作业环境下使用的应急救援设施。

一、实验目的

学习紧急喷淋装置的使用。

二、使用范围

适用于接触酸碱有机物等有害物质的场所。当眼睛、皮肤等器官因接触化学危险品而受到伤害时，可先用此装置进行紧急冲洗，严重时应尽快去医院。当大量化学品溅洒到身上时，可先用紧急喷淋器进行全身喷淋，必要时应尽快到医院治疗。

三、实验步骤

1. 洗眼器用于眼部、面部的紧急冲洗。取下洗眼器防尘盖，只要用脚轻踩脚踏阀，清洁水会自动从洗眼喷头喷出来，用后须将脚踏阀复位并将防尘盖复位。

2. 喷淋器用于全身淋洗。受伤者站在喷头下方，拉下阀门拉手，喷淋之后立即上推阀门拉手，使水关闭。

四、注意事项

1. 为了防止水管内水质腐化或阀门失灵，由洗眼器所在管理部门指定专人定期对紧急洗眼器和紧急喷淋器进行启动试水，每周启动1次，出水约10 s即可；同时查看设备是否正常，发现故障应及时修理。

2. 建立专用记录本，每次试水都进行记录并签字。

3. 保持洗眼器的清洁，经常进行擦拭，平时应该将防尘盖盖在喷头上面，以保证洗眼器的喷嘴不会被污染。

4. 紧急洗眼器属于专用的防护器具，任何个人不得用于冲洗仪器或作其他用途。

5. 涉及接触酸、碱的实验，实验老师应提前做好安全防护布置。

6. 紧急洗眼器和紧急喷淋器冲洗不能代替医学治疗，冲洗后情况较严重的必须尽快到医院进行治疗。

7. 本设备属于常温设备，冬季要做好管路防冻工作。

8. 相关物品不得遮挡、影响洗眼器的紧急使用。

实验十一　纯水机的使用

实验室超纯水机是一种实验室用水净化设备，是通过过滤、反渗透、电渗析器、离子交换器等方法去除水中所有固体杂质、盐离子、细菌、病毒等的水处理装置。

一、实验目的
1. 了解纯水机的工作原理。
2. 学习纯水机的使用。

二、工作原理

实验室超纯水机在操作过程中通过不同的工艺流程将水质进行过滤，使之成为能够供实验室使用的纯净水。

PP滤芯：自来水经过滤芯过滤，可去除水中的泥沙、铁锈、悬浮物、胶体等杂质。

颗粒活性炭滤芯：可有效吸附水中的异色、异味，以及余氯、三氯甲烷等有害物质。

烧结活性炭滤芯：可有效吸附水中的异色、异味、余氯。它是由长寿命的压缩活性炭和高纳污能力的网布构造而成，这使滤芯具有双重的过滤性能。

RO反渗透膜：反渗透膜的孔径仅为$0.0001~\mu m$，可以滤除水中所有微细的杂质、可溶性固体、细菌及其他微生物。有害物质由排污口自动排出，纯水则进入压力桶备用。

纯水柱：经过RO的过滤，水中的杂质含量已经很少了，实验室超纯水机再经过纯水柱的吸附作用，使水的纯度得到迅速提升，以满足各类生产、工艺等的需要。

实验室超纯水机厂家设置的每一个步骤都有一定的作用。如果一个步骤出现故障，过滤出来的水就有可能无法达到实验室的用水标准。

三、超纯水、纯净水、矿泉水、软化水的区别

众所周知，净水设备有各种不同的种类，如纯水设备、纯净水设备、矿泉水设备、软化水设备、超纯水设备等，每种类型的净水设备净化的水又有不同的特点。净水根据净化的程度可分为矿泉水、超纯水、纯净水、软化水等四种水质，那么这四种水有什么区别呢？

超纯水，一般工艺是很难达到的，经过预处理、反渗透技术、超纯化处理以及后级处理四大步骤，采用多级过滤、高性能离子交换单元、超滤过滤器、紫外灯、除总有机碳（TOC）装置等多种处理方法，电阻率方可达 18.25 MΩ·cm（25 ℃）。超纯水是美国科技界为了研制超纯材料（半导体原件材料、纳米精细陶瓷材料等）应用蒸馏、去离子化、反渗透技术或其他适当的超临界精细技术生产出来的水，这种水中除了水分子（H_2O）外，几乎没有什么杂质，更没有细菌、病毒、含氯二噁英等有机物，当然也没有人体所需的矿物质微量元素，一般不可直接饮用，因为对人体有害，会析出人体中的很多离子。

纯净水，简称净水或纯水，是纯洁、干净，不含有杂质或细菌的水，是以符合生活饮用水卫生标准的水为原水，通过电渗析器法、离子交换器法、反渗透法、蒸馏法及其他适当的加工方法制得，密封于容器内，且不含任何添加物，无色透明，可直接饮用。市场上出售的太空水、蒸馏水均为纯净水。纯净水是利用自来水经过一定的生产流程制得的，因此市场上老百姓饮用最多的还是纯净水，纯净水的质量和老百姓的生活有着密切的关系。

矿泉水是含有溶解的矿物质或较多气体的水，国家标准中规定的9项界限指标包括锂、锶、锌、硒、溴化物、碘化物、偏硅酸、游离二氧化碳和溶解性总固体，矿泉水中必须有1项或1项以上达到界限指标的要求，其要求含量（单位：mg/L）分别为：锂、锶、锌、碘化物均≥0.2，硒≥0.01，溴化物≥1.0，偏硅酸≥25，游离二氧化碳≥250，溶解性总固体≥1000。市场上的大部分矿泉水属于锶（Sr）型和偏硅酸型，同时也有其他矿物质成分的矿泉水。

在日常生活中，我们经常见到水壶用久后内壁会有水垢生成。这是什么原因呢？原来在我们取用的水中含有不少无机盐类物质，如钙、镁盐等。这些盐在常温下的水中肉眼无法发现，一旦将它们加温煮沸，便有不少钙、镁盐以碳酸盐形式沉淀出来，它们紧贴壶壁就形成了水垢。我们通常把水中钙、镁离子的含量用"硬度"这个指标来表示。硬度1°相当于每升水中含有 10 mg 氧化钙。硬度低于8°的水称为软水，高于17°的称为硬水，8～17°的称为中度硬水。雨水、雪水、江水、河水、湖水都是软水，泉水、深井水、海水都是硬水。软水的口感比硬水要好，软水对人体更有益。

四、使用范围

以医疗行业和化学生物行业为例，主要用于实验用水。

五、实验材料和设备

洗瓶等储水容器。

六、实验步骤

1. 开机

打开进出水口蓝色旋钮开关使超纯水器处于通水状态,将纯水器接上电源,并打开位于仪器后下方的电源开关,整套系统即处于 5 s 左右的自检状态,机器会发出一声"嘀"的蜂鸣声。随之面板"FLUSH"指示灯亮,此时进入 25 s RO 膜自动清洗状态,从废水口可看出此时出水量较大。自动清洗方式是在每次开机时自动完成的。超纯水机会自动进行一系列检测,合乎设定要求后,超纯水机将自动造水,时间为 25 s 左右。随后废水水流变小,出水口流出超纯水,仪器进入制水状态,液晶屏显示出水水质的电阻率值。如果超纯水机有漏水现象,则关闭进水电磁阀。检修时,关闭电源总开关,待检修完毕后,把漏水保护器上的水擦干,重新开机。

2. 取水

取水口取用纯水,取用完毕后,关闭取水阀。

3. 关机

当需要关闭超纯水机时,先关闭"系统电源"按键,然后拔下电源插头,再关闭自来水进水阀。

七、注意事项

1. 面板显示电阻率值是指产出的超纯水的电阻率值,所以在没有取超纯水时电阻率值显示参数为非数据参数。

2. 压力表显示自来水的压力与 RO 膜加压泵进入 RO 膜的总压力,进水时压力指示以 $4 \sim 7 \text{ kg/cm}^2$ 为宜。

3. 系统自动清洗完成后,出水口有水流出,废水出口有水流出则表明"超纯水"系统工作正常。其出水水质从 $0 \text{ M}\Omega \cdot \text{cm}$ 不断上升至 $14 \text{ M}\Omega \cdot \text{cm}$ 以上。国标规定 $10 \sim 18 \text{ M}\Omega \cdot \text{cm}$ 的水均符合超纯水的标准。

以上操作完毕并且其他部位无漏水现象,则表明仪器处于最佳工作状态。

4. 在配制高纯度的化学试剂时,尽量不要使用储水桶中长时间存放的超纯水,因为超纯水在储水桶中经过长时间存放后,水质会因为杂质、微生物的污染而劣化,这种水在使用时已经不再是超纯水。

5. 纯水储水桶最好安装空气过滤器,防止环境因素造成的污染。

6. 请勿将储水桶放置在日光直射处,因为水温上升容易导致微生物繁殖。特别是半透明储水桶，会因为日光通透而导致藻类繁殖。

7. 取超纯水时一定要将初期的出水放掉，以获得稳定的水质。

8. 取水时让超纯水顺着容器侧壁流入，尽量不要让气泡产生，以减少空气污染。

9. 请不要在终端滤器后再连接软管，因为只有采用直接取水的方式才能获得纯度高的超纯水。

10. 长时间不用纯水时，应将压力储水桶中的 RO 水全部放掉，以防止污染。

11. 实验室超纯水若长时间不使用，再次使用时应把初期超纯水充分放掉以确保水质。原则上，纯水机应至少每 7~10 day 通水 1 次，以防止微生物污染。

实验十二 电热板的使用

电热板适用于样品的加热、干燥和做其他温度实验，广泛应用于生物、遗传、医药卫生、环保、生化、分析等研究领域。

一、实验目的
学习电热板的使用。

二、使用范围
用于对试液/样品等进行加热、煮沸、消解、蒸酸等，也可用于微小样品的烘干。

设备主要参数：发热板规格为 360 mm × 250 mm × 20 mm；控制温度范围为常温～350 ℃；控温精度在 ±1%～2%；电源为 220 V（50 Hz）；功率为 1500 W（最大）；净重为 9 kg。

三、实验材料和设备
反应液或微小反应体系等。

四、实验步骤
1. 检查各接线是否连接好。
2. 连接电源，并打开电源。
3. 按温度设置按钮，设定至所需温度，将需要热处理的物品放在电热板上。
4. 电热板处于工作状态时，应有专人照管。
5. 使用完成，关闭电源，让电热板自然冷却至室温。
6. 收拾清理实验台。

五、注意事项
1. 请在规定的温度范围之内使用本设备，禁止超过规定的温度范围。
2. 设备在工作时或工作完毕后，加热板面未完全冷却至室温时，切勿触摸加热板面，以免烫伤。
3. 禁止将设备放入全密闭不通风的腔体内使用，以免因温度过高而造成设备损坏。
4. 设备与周围保持 10 cm 以上的距离，以免因距离太近导致周围物品受热损坏。
5. 设备使用完毕降至室温后，请将设备的机箱及加热表面擦拭干净。

6. 请遵守实验室操作规程，避免强酸碱对人体或财产造成损失。

7. 此电热元件应放置在干燥处，避免浸水，以免影响它的绝缘性能。应在指定电压下使用。

8. 做好设备使用记录。

9. 建议每隔6 mths对设备进行一次功能检查。

（1）检查该设备是否完好；电源线是否连接紧固；板面四周是否清洁；是否有可燃物、易燃物品。

（2）接通电源，热警显示、数字显示灯亮，显示正常。加热时指示灯闪烁，警告用户加热盘高温，随着加热时间的增加，温度升高数字显示的数值增大，直至达到设定温度。

（3）加热温度控制精确度检查。按温度设置按钮，设定温度在120 ℃，观察数字显示窗口，要求其最终数字显示温度与设定温度误差在±2 ℃以内。

以上全部检查项目合格，说明仪器正常，可以正常使用。

实验十三　电热保温套的使用

电热套是实验室通用加热仪器的一种，由无碱玻璃纤维和金属加热丝编制的半球形加热内套和控制电路组成，多用于玻璃容器的精确控温加热。它具有升温快、温度高、操作简便、经久耐用的特点，是做精确控温加热实验的最理想仪器。

一、实验目的
学习电热保温套的使用。

二、使用范围
可拆卸式保温套（保温被、衣）是目前高档的管道、设备保温材料，广泛应用于石油化工、化学工程、纺织、冶金、电力、建筑、窑炉、造纸、制药、船舶、轮胎等领域的热力设备和各种管道、暖通空调及制冷装置。它适用于各种管道、设备的绝热保温，如用于管道、弯头、法兰、阀门、视镜、三通、流量计、液位计、压力表、化学反应器、实验室仪器、设备、火电核电汽轮机组、封头、泵、钢铁厂等高温环境下的仪表箱、热交换器、压缩机、柴油机、燃气机、发动机、空气机及其他异型件等，是理想的管道设备保温材料。

主要参数如下。

1. 加热层
加热层主要由电热丝通电产生热量，工作温度范围 0~550 ℃。绝缘体：耐高温无碱玻纤布，电气绝缘强度高，具备良好的热传导性。无碱玻璃纤维内衬层主要用于固定电热丝并且有良好的绝缘效果，绝缘强度高，柔韧性好。

2. 保温层
电加热保温套主要用于电热丝和外表面的隔热。玻璃纤维针刺毡技术指标为：厚度在 3~25 mm；宽度在 1050~2000 mm；密度在 110~180 kg/m^2；耐热温度为 600 ℃（热收缩 650 ℃）；导热系数为 0.042 W/(300 ℃平均值)；吸湿率为 <5%。

3. 外保护层
主要作用是美观、隔热、绝缘，耐酸碱性好。特氟龙耐高温布的重要参数为：长期耐温在 -70~+280 ℃；短期耐温为 320 ℃；耐腐蚀性好，耐各种强酸、碱、盐和有机溶剂等化学药品的腐蚀。

三、实验材料和设备

反应体系、瓶子等。

四、实验步骤

1. 连接电源，打开温度控制器。

2. 设置所需温度，面板 PV 为测量值/模式显示值，SV 为设定值/模式内容显示值，OUT 1 为输出 1 指示灯，OUT 2 为输出 2 指示灯，AT，PID 自动演算指示灯，ALM 1 为报警 1 指示灯，ALM 2 为报警 2 指示灯，上下箭头分别为增加键和减少键，左箭头为平移键，SET 为设定/模式键。

3. 按温度设置按钮，设定至所需温度，将柔性加热套包在需要热处理的物品上。

4. 当电热套处于工作状态时，应有专人照管。

5. 使用完成后，关闭电源，让电热套自然冷却至室温。

6. 收拾清理实验台。

7. 模式设定、参数设定、仪表技术参数设定等详见说明书。

五、注意事项

1. 请在规定的温度范围内使用本设备，禁止超过规定温度范围。

2. 设备在工作时或工作完毕后，加热套未完全冷却至室温时，切勿触摸加热板面，以免烫伤。

3. 设备与周围保持 10 cm 以上的距离，以免因距离太近导致周围物品受热损坏。

4. 设备使用完毕降至室温后，请将电热套的内外表面清理干净。

5. 请遵守实验室操作规程，避免强酸碱对人体或财产造成损害。

6. 此电热元件应放置在干燥处，避免浸水，以免影响它的绝缘性能。应在指定电压下使用。

7. 做好设备使用记录。

8. 特殊情况下需要高温操作时，须自备隔热手套。

9. 建议定期对设备进行功能检查。

（1）检查该设备是否完好；电源线是否连接紧固；板面四周是否清洁，是否有可燃物、易燃物品。

（2）接通电源，热警显示、数字显示灯亮，显示正常。加热时指示灯闪烁，警告用户加热盘高温，随着加热时间的增加，温度升高，数字显示数值增大，直至达到设定温度。

实验十四　球磨机的使用

球磨机是实验室、小批量生产用超细研磨、混合设备，可广泛在电子材料、磁性材料、生物医药、陶瓷釉浆、金属粉末、非金属矿、新型材料等中使用。

一、实验目的
学习球磨机的使用。

二、工作原理
在行星式球磨机中，置于行星盘上的球磨罐在行星盘的高速旋转下自身也做反向的高速旋转，同时，行星盘以及球磨这个整体在电动机的动力下做360°翻滚，在这种方位不停转变的过程中，物料和研磨球之间产生更加强烈且均匀的摩擦、撞击能量，这种能量使球磨罐中的物料得以充分地粉碎、混合、均化。

主要设备参数如下。

最大进样尺寸：<10 mm；最大进料尺寸：土壤料≤10 mm，其他料≤3 mm；最大处理量：200 mL；最终精度：<100 nm；最多可同时处理的样品数量：2种；球磨罐的体积有40 mL、100 mL两种；研磨球的直径有5 mm、10 mm、15 mm、20 mm、30 mm等5种；电学描述：100～120/200～240 V/1～，50～60 Hz，0.37 kW；主要功能：运行，停止，变向运行，正向、逆向交替运行，间歇式运行，定时，无极调速，还原，保护等。球磨罐转速：1100 rpm；球磨罐类型：实用型/真空型。

三、使用范围
在医药品、食品、化工、合成材料、电子、工程、冶金、玻璃、陶瓷、生物等领域应用于松软/坚硬料、干/润料、脆性料、纤维料、黏性料等材料的粉碎、混合、均化、胶体研磨、机械合金等。适用范围广，可应用于甘草、铁皮石斛、人参、白芍、当归、金银花、氧化锆、氧化铝、铁粉、氧化钛、氧化锌、碳酸钙、石英砂、二氧化钛、氯化石蜡、二氧化硅、硅酸钠、石墨、油墨、油漆、焦炭、高岭土等。

四、实验材料和设备
颗粒物等待研磨物料等。

五、实验步骤
关于球磨机的使用，网上有很多视频，可自行搜索。

行星式球磨机的工作原理是，在同一转盘上装有两个球磨罐，当转盘转动时，球磨罐在绕转盘轴公转的同时又围绕自身轴心自转，做行星式运动；罐中磨球在高速运动中相互碰撞，研磨和混合样品。行星式球磨机能用干、湿两种方法研磨和混合粒度不同、材料各异的产品。

1. 试机检查。接通电源，打开空气开关，顺时针旋转安全开关，再启动运行开关（安全开关为紧急情况下断开电源停机用，按下时为断开，顺时针旋转弹起状态为启动）。试运行无故障后，即可进行下一步操作。

2. 根据用户需要装球与物料，以获取最佳效果，通常大、中、小球搭配使用。大球用来配重与砸碎样品以及分散小球，小球用来混合及研磨样品。

3. 球磨罐。通常球磨罐重量（罐+配球+试样+辅料）应基本一致，以使行星式球磨机的运转保持平稳，减小振动引起噪声，延长行星式球磨机的使用寿命。若样品不足，对称使用（只装两个罐）也可。试样直径通常为 1 mm 以下，固体颗粒直径一般不超过 3 mm，土壤直径允许 10 mm。

4. 装料。装料最大容积（试样+配球+辅料）为行星式球磨机球磨罐容积的三分之二，余下的三分之一作为运转空间。

5. 磨球选择。行星式球磨机备有各种直径（$\phi 3 \sim 20$）的玛瑙、陶瓷、不锈钢磨球，最常用的有 $\phi 6$、$\phi 10$、$\phi 20$ 三种可供选择；为获取最佳效果，通常大小球应搭配使用。大球用来配重与砸碎样品以及分散小球，小球用来混合及研磨样品；湿球磨时如加进一些不妨碍试验样品性质的胶体、液体及其他辅料，可比干球磨获得更细的（微粒）实验试样。

6. 把装好磨球和物料的球磨罐安装到设备的托罐上，固定球磨罐，加固球磨罐，关闭设备机盖。

7. 转速选择。为了获取最佳效果，行星式磨球机的转速、球磨时间、配球（大小球合理搭配）及试样大小、多少和添加辅料等参数要选择恰当。当罐盖磨出球的槽时，说明转速偏高，应降速。转速高，效率不一定高。行星式球磨机开始研磨时，转速可高一些（起砸碎样品的作用），研磨一段时间后（一般不超过 2 min），转速可降低一些，这样球磨效率更高。行星式球磨机球磨效率的高低取决于配球的大小和多少，试样的性质及颗粒大小、重量、转速、运行方式是否搭配得当。为提高研磨效率与延长行星式球磨机的使用寿命，不需要也不应该将转速调得太高。

8. 卸罐。打开机盖，用手拧松两角螺母，拿开 Y 型丝杆、扁担、垫片，取下球磨罐。拧松两角螺母，取下球磨罐。

9. 卸料。把球磨罐中的物料和磨球倒入一个小筛中，用筛子分离磨球和物料，再用筛子分离一次物料，最后把需要的物料倒入样品袋中。倒磨球、物料，分离磨球、物料，分离物料，取出物料。

10. 收拾清理实验样品，清理球磨机。

各种物料经球磨机研磨后的产品如图 1-14-1 所示。

图 1-14-1　球磨产品

六、注意事项

1. 球磨机设备只有当盖子在关闭状态时才能被启动运行。

2. 在开启设备时应该确认球磨罐是夹紧的，否则球磨罐可能会被抛出，造成人员伤害和设备损坏。

3. 检查球磨罐夹紧装置，尤其是在长时间的研磨操作过程中，根据以下时间间隔进行检查：3 min 后，0.5 h 后，1 h 后，2 h 后，5 h 后等。

4. 应总是装配 2 个或 4 个球磨罐，球磨罐的重量应该相等。

5. 球磨罐填装的样品和球占罐容积的 1/3～2/3，太多或太少都会影响研磨效果，并会损坏球磨罐和球。

6. 取出和打开球磨罐时请戴防护手套，否则可能烫伤手。

7. 在使用易燃物料作为研磨助剂前，应使操作者有这些防爆文件和补充措施。

8. 清洁时请勿使用流水清洁行星球磨机，电击会有生命危险。仅可用潮布清洁，请勿用洗涤剂。

9. 每 3 mths 可在螺纹杆上滴 2 滴润滑油。

10. 若运转时突然出现异常声响，应立即关机，检查球磨罐是否松动。如松动，应在拧紧螺栓后重新启动。

11. 若运行中球磨声突然减轻或消失，应立即关机，拔掉电源线，用手转动球磨罐。如果发现有一只或几只球磨罐转动自如，则说明齿轮损坏，需要更换齿轮。

12. 若在运转时发现有金属摩擦声或有异味，应立即关机并拔掉电源线，检查罐托轴承。如轴承有松动，则说明轴承磨损，需要更换轴承。

13. 卸球磨罐。由于球磨时磨球之间、磨球与磨罐之间互相撞击，长时间球磨后罐内的温度和压力都很高，球磨完毕，须冷却后才能再拆卸，以免磨球被高压喷出。某些金属粉末球磨后颗粒极细，而且罐内几近真空状态，如果猛然打开罐盖倒出磨料，粉末会激烈氧化而燃烧。所以活泼金属的粉末球磨后，必须充分冷却，然后再缓缓打开，稍停再倒出磨料。

实验十五　电热鼓风干燥箱的使用

电热鼓风干燥箱采用电加热方式，通过循环风机吹出热风，以保证箱内温度平衡，是一种常用的仪器设备，主要用来干燥样品，也可以提供实验所需的温度环境。它广泛应用于化工、医药、铸造、汽车、食品、机械等行业。

一、实验目的
学习电热鼓风干燥箱的使用。

二、使用范围
鼓风干燥箱采用卧式的箱体结构，仪表在箱体右边，箱体小巧便于实验移动。在工矿企业、大专院校、生物制药、食品加工、科研、医疗单位和各类实验室作非易燃易爆及非挥发性物品的干燥、烘焙、熔蜡和消毒、灭菌之用。鼓风干燥箱采用热风循环系统，由能在高温下连续运转的风机和特殊风道组成，工作室内温度均匀，广泛用于玻璃器皿的干燥，实验样本、食品、化学物质的热变性、热硬性、热软化、水分排除，生物工程中器皿、器具的干热杀菌，电子元器件的干燥、老化。

主要设备参数如下。

电源电压：220 V，50 Hz；控温范围：室温～300 ℃；加热功率：2.8 kW；鼓风功率：40 W；工作室尺寸：110/130/180 cm；控温精度：±1 ℃；载物托架：2 块；加热元件：覆盖式无尘化不锈钢电热管、使用寿命 3×10^4 hrs 以上；定时装置：1 s～99.9 h 恒温定时，计时方式可选择，时间到自动切断加热并蜂鸣报警。

三、实验材料和设备
洁净的玻璃容器、待烘干的样品等。

四、实验步骤
1. 将待烘干物质放入烘箱内部。

2. 接通电源，打开烘箱开关，马达运行温控表显示即有电源供应，再依所需温度调整设定温控器。为保证安全，设置温度不建议高于 70 ℃，特殊需要除外。

3. 开关开启后，马达运行。加热时，加热指示灯会亮。

4. 先设定好温度，开启鼓风，再将计时器设定即可，开始温度计时，时间一到，立即切断加热电源。完成后警报会响起。

5. 开关打开—PID 显示—风扇运行—温度设定—加热器加热—设定计时—温度计时—时间到切断加热—完成警报响。

6. 关闭电源，降低温度，打开箱门，取出烘干物或实验样品。

五、注意事项

1. 电热鼓风干燥箱为非防爆干燥箱，切勿将易燃、易挥发物品放入干燥箱内。常见易引火物包括但不仅限于以下内容：乙醚、汽油、乙醛、环氧丙烯、二硫化碳等物质；正己烷、环氧乙炔、丙酮、苯、丁酮等物质；乙醇、甲醇、二甲苯、醋酸、戊酯等物质；煤油、柴油、松节油等物质；可燃性粉末、粉尘等物质。

2. 每次使用时，务必确认排风系统正常工作，因为无法正常排风会引发危险。

3. 烘烤物品若有挥发性溶剂残留炉内，应定期清洁擦拭，避免残留累积。

4. 高温运转期间或炉内温度未降至安全范围时，请不要打开炉门拿取烘烤物，以免被高温气体吹伤或直接被烘烤物及烘箱内高温烫伤。如需高温作业，请穿戴防护用具，以防烫伤。

5. 排气孔、排气阀、安全释压阀等附近请勿置放物品，以防止阻塞排气造成危险。

6. 干燥箱须安装在干燥平稳的室内，不必使用其他固定装置。环境温度一般不大于40 ℃，空气相对湿度不大于85%。

7. 本产品无超高温保护装置，工作时应有专人监测箱内温度。一旦温度失灵，应立即断电检查，以免发生事故。

8. 当显示温度与实际温度（由标准温度计测出）差异甚大时，不可随意调整线路板之零件或内部参数，应通知相关工作人员前往处理。

9. 使用过程中温度变化时，请勿随意打开机门。

10. 请勿将机台放在潮湿之场所或直接用水冲洗，以防漏电。

11. 禁止将酒精、黏结剂等具有可燃性、挥发性的物品放置于烘箱内，以免发生意外。

12. 请小心地将物品放入烘箱。当烘箱温度在60 ℃以上时，为避免烫伤，请务必戴高温手套。

13. 若定时器开始工作，表明温度已达到设定范围，机器开始持温。

14. 恒温下当显示温度与设定温度有过冲或偏低现象时，需进行自动演算。详见说明书。

15. 烘箱内的加热器要定期进行检查，清除粉尘及其他杂残留物。

实验十六　蠕动泵的使用

蠕动泵是广泛应用于工业生产中输送物料的一种泵。

一、实验目的
学习蠕动泵的使用。

二、工作原理（图1-16-1）

图1-16-1　蠕动泵的工作原理分解图

蠕动泵是通过旋转的滚柱挤压蠕动泵软管来输送液体的，被输送的液体只在具有一定弹性的胶管里流动，不与泵的其他零件相接触，避免了液体的污染渠道。采用集成数字控制技术可以使蠕动泵计量更精确。蠕动泵就像用手指夹挤一根充满流体的软管，随着手指的向前滑动，管内流体向前移动。蠕动泵的工作原理也与此类似，只是用滚轮取代了手指，通过对泵的弹性输送，软管交替进行挤压和释放来泵送流体。就像用两根手指夹挤软管一样，随着手指的移动，管内形成负压，液体因此而流动。蠕动泵的工作原理就是，两个转辊子之间的一段泵管形成"枕"形流体，"枕"的体积取决于泵管的内径和转子的几何特征，流量取决于泵头的转速与"枕"的尺寸、转子每转一圈产生的"枕"的个数这三项参数之乘积。"枕"的尺寸一般为常量（泵送黏性特别大的流体时除外）。拿转子直径相同的泵相比较，产生较大"枕"体积的泵，其转子每转一圈所输送的流体体积也较大，其所产生的脉动度也较大。这与膜阀的情形相似。而产生较小"枕"体积的泵，其转子每转一圈所输送的流体体积也较小；而且，快速、连续地形成的小"枕"使流体的流动较为平稳。这与齿轮泵的工作方式相似。

蠕动泵主要参数如下。

消耗功率：≤400 W；转速范围：60～650 rpm；调节方式：多圈电位器转速调节；适用电源：AC 220 V±10% 50 Hz/60 Hz；外形尺寸（长×宽×高）：325 mm×236 mm×193 mm；驱动器重量：16 kg；防护等级：IP31；方向控制：正反转可逆；散热功能：强制风冷；外控功能：启停控制、方向控制、速度控制（0～5 V、0～

10 V、4～20 mA可选）。

适用软管型号为73#和82#，转速为60～600 rpm时，对应流量范围分别为600～7500 mL/min和2000～11000 mL/min。

三、使用范围及优势

蠕动泵是广泛应用于生物、医药、化工领域，用来精细控制加料、帮助反应加工过程完成的一种泵。其优势总结为以下几点：

1. 无污染。流体只接触蠕动泵软管，不直接和蠕动泵接触。

2. 精度高。重复精度高，稳定性能强。

3. 低剪切力。蠕动泵是输送剪切敏感、侵蚀性强流体的理想工具。

4. 密封性好。具有良好的自吸能力，可空转，可防止回流。

5. 维护简单。只需更换蠕动泵软管，无阀门和密封件的更换。

6. 具有双向同等流量输送能力；在无液体空运转情况下，不会对泵的任何部件造成损害；能产生达98%的真空度；没有阀、机械密封和填料密封装置，也就没有这些产生泄漏和维护的因素；能轻松地输送固、液或气液混合相流体，允许流体内所含固体直径达到管状元件内径的40%；可输送各种具有研磨、腐蚀、氧敏感特性的物料及各种食品等；仅软管为需要替换的部件，更换操作极为简单；除软管外，所输送产品不与任何其他部件接触。

四、实验材料

液体样品、容器等。

五、实验步骤

1. 安装步骤：扳动左右扳杆，取下压块总成；将装好软管的管接头或管卡压入泵壳两端的卡槽内；放下压块总成，扳动左右扳杆，将压块总成锁死。

2. 将电源线插在后面板的电源插座中，接通电源。

3. 启动和方向控制：将"左转/停/右转"转换开关置于"逆时针箭头"时，泵逆时针运行；置于"顺时针箭头"时，泵顺时针运行；置于"停止"键时，泵停止运行。

4. 调速功能

在手控方式下，顺时针转动"调速"旋钮，转速递增；逆时针转动"调速"旋钮，转速递减。

六、注意事项

1. 蠕动泵使用前，注意做一些必要的检查：检查泵轴的转动情况是否正常，有无卡死现象。如果软管是前次使用过的没有更换，最好取出软管，将泵头挤压的部分移开，以减少软管的疲劳度，从而达到更好的传输效果。由于蠕动泵的集成度高，可控性好，如果其他主要开关通断良好，就可以放心地使用了。

2. 使用蠕动泵时请不要将调压板拧得太紧，以免"扎死"泵头，一般调到有液体流出即可。在泵头内部的硅胶管应涂上润滑油，以延长其使用寿命。

3. 当泵头在快速运转时，切勿按动"顺/逆"开关。若要按动，须先将速度调慢后再按动，然后再调至原来的速度，即将电压表读数调至原来的数值。

4. 在蠕动泵使用期间，应随时注意硅胶管是否完好，一般以在中速情况下运转为佳。当发现硅胶管老化时，应及时更换硅胶管。当蠕动泵开始运行时，硅胶管可能有向一端肿起现象，用手拉直即可。

5. 使用完毕要将泵头清洗干净。

6. 蠕动泵长期不用时，请把硅胶管从泵头中取出，以延长其使用寿命。硅胶管是易损物品，使用一段时间后请及时更换。不然会造成漏液，损坏仪器！

7. 请根据不同介质和不同流量选用不同粗细的硅胶管。

8. 304不锈钢材料具有一定的抗酸碱耐腐蚀能力，但应尽量避免长时间与强酸强碱接触。

实验十七　恒温磁力搅拌器的使用

恒温磁力搅拌器是一种快速加热、有极强的搅拌力、精确控温的实验设备，在化学、生物、医学领域有着广泛的应用。

一、实验目的
学习恒温磁力搅拌器的使用。

二、使用范围
与普通磁力搅拌器相比，恒温磁力搅拌器具有灵敏度高、可控性强、温控范围广的特点，被大量应用于高等有机化学合成实验。磁力搅拌与机械搅拌的区别在于，磁力搅拌通常是在溶剂底部发生，而机械搅拌可以在溶液内部任何位置进行。因此，两者的搅拌效果和所造成的化学反应或制备的材料有时会有明显不同。

主要设备参数。

搅拌速度：200～1800 rpm；总功率：950 W；控温范围：室温 +5～200 ℃；控温时间：100 h；控温精度：±5 ℃；控时精度：±0.3%；控速精度：±3%；最大搅拌液体量：5 L。

三、实验材料
装有液体的烧杯等。

四、实验步骤
1. 将搅拌子放入玻璃容器底部，将玻璃容器放置在加热盘居中区域。如果不需要控制被搅拌溶液的温度，则不需要外测温器，也就不需要外插测温插头。

注意：测温杆端部必须浸入液面以下2/3处，并偏向容器侧边，否则会测温不准或出安全问题，因为在搅拌时液体中部会出现中空漩涡，测温传感器有可能接触不到液体。

2. 打开电源开关，待初始化完成（约需要5 s），此时设备处于"STOP"状态；LCD盘右上侧显示0 rpm，右下侧显示测试到的温度。倘若未接测温器，则会显示内测温器测试到的加热盘的温度值。

3. 按动"Start OR Stop"键（必须持续长按超过2 s），则开始执行搅拌或加热等工作，状态显示区域显示"RUN"。

注意：此时运行是按照系统默认或用户上次设置的参数，或是从上次未运行完成的状态开始。

4. 再按动"Start OR Stop"键（必须持续长按超过2 s），则会停止运行。若状态显示区域显示"STOP"，也可理解为暂停。

5. 按动一次"MODE"键则进入"转速设置"界面，按"＋"或"－"键来改变数值到所需的搅拌转速（稳定转速一般为200～900 rpm。转速过高时，搅拌子容易被甩开，即发生跳子。此时需要按"Start OR Stop"键停止，重设低速搅拌后再放反应体系。切记，并非转速越快越好，转速高低与溶液量多少成反比，与溶液黏度也成反比）。

6. 再按一次"MODE"键则进入"加热温度设置"界面，按"＋"或"－"键将温度调整至所需反应温度。

注意：温度设置不宜超过120 ℃，以免发生危险。设置温度偏高有可能使设备持续极限运行，从而缩短加热器寿命或出现安全问题。

绝对禁止对密闭容器或易燃易爆物品加热。

7. 再按一次"MODE"键则进入"倒计时设置"界面，按"＋"或"－"设定所需加热搅拌时间（在0～100 h范围内）。

注意：当设定为0时，设备的运行仅由"Start OR Stop"键控制。

8. 再按一次"MODE"键则进入"密码输入"界面，此时界面上排显示"LK"、下排显示"0"，输入正确密码后，可进行机器系统内的对应参数设置。这一功能通常在设备维修时使用。普通用户可跳过这一步骤直接进入下一步。

9. 再按一次"MODE"键，设备返回主界面，此时表示确认了在其他几个界面上设置的新数值，并将按照新的设置值去运行。

注意：如果在修改界面改了转速、温度或时间，但没有及时按"MODE"键跳转到下一个参数修改界面或返回主界面，系统等待约10 s后会跳回主界面而不做设定值的修改。设置好参数后长按"Start OR Stop"即可启动。

提示：对于倒计时的时间改变需要关机再开机，系统才会按新的时间设定值运行。

注意：避免因中途意外停机而不能延续上次计时的剩余时间！

10. 任何状态下，要停止加热请把温度设置到0，或长按"Start OR Stop"键（必须持续按下超过2 s，俗称"长按"），或直接关闭电源开关。

11. 出现任何报警提示（有的机型伴有报警的蜂鸣声），请记录下显示窗显示的报警提示代号，以便解除正常报警或修理故障。按一次任何键可以消除报警声音，或者通过立即关闭电源来解除报警和消除危险。

12. 关于搅拌器在意外断电后再来电时（保持开关打开及其他状态）的再启动问题，因为自动重新启动可能会引发危险，因此本机不能自动启动，必须长按"Start OR Stop"键（必须持续按下超过 2 s）才能启动。

13. 当搅拌器的传感测得的实际温度值超过设置的目标温度值 10～30 ℃时，系统会停止加热（或伴有报警提示），以起到保护作用，等到低于目标温度值后才会自动恢复加热功能。

14. 使用完毕应及时关闭整机电源，并清理干净。加热盘在完全冷却前应作适当防护，确保不被任何物件意外触碰到。

五、注意事项

1. 被搅拌或被加热的必须是不影响实验安全的液体或易溶的粉状物；不能是易燃、易爆、易挥发、易凝固，或会发生剧烈的放热或制冷的危险物化反应等；若必须使用，须自行负责安全。

2. 禁止使用不耐热、易碎等影响安全的容器。必要时必须佩戴安全眼镜和恰当的保护装置。

3. 保持使用环境清洁、干燥，远离强热源、强磁场、易燃易爆物或其他同类磁性产品。

4. 加热盘承重不可超过 12 kg，最大搅拌液体量 5 L。

5. 加热盘不可与尖锐物碰触；机体部位避免接触任何有腐蚀性的物质。

6. 盛放溶液的容器不能是导磁的或密闭的，最好是耐高温钢化玻璃或不导磁、不锈钢的底部薄且平的容器；操作人员的物品需要防磁的必须远离此产品（加热盘内有强磁场）。

7. 加热盘内部有温度传感器，当盘内温度超过 450 ℃（或 470 ℃）时会停止加热等工作，以起到保护作用。此时会有警示音响起，必须关闭装置，待加热盘冷却后才可以重新使用。

实验十八 洁净工作台的使用

洁净工作台是一种提供局部无尘、无菌工作环境的空气净化设备，其能将工作区已被污染的空气通过专门的过滤通道人为地控制排放，避免对人和环境造成危害，是一种安全的微生物专用洁净工作台，也可广泛应用于生物实验、医疗卫生、生物制药等相关行业，对改善工艺条件、保护操作者的身体健康、提高产品质量和成品率有良好的效果。

一、实验目的
学习洁净工作台的使用。

二、工作原理

洁净工作台的工作原理是，在特定的空间内，室内空气经预过滤器初滤，由小型离心风机压入静压箱，再经空气高效过滤器二级过滤，从空气高效过滤器出风面吹出的洁净气流具有一定的和均匀的断面风速，可以排出工作区原来的空气，将尘埃颗粒和生物颗粒带走，以形成无菌的高洁净的工作环境。

主要设备参数如下。

产品类别：垂直流；洁净等级：100；主过滤器效率：99.99%@0.3 μm；平均风速：0.2~0.5 m/s；照度≥600 lx；工作台面中心振动静位移（rms）<2 μm；外形尺寸（宽×深×高）：1370 mm×630 mm×1730 mm；内部尺寸（宽×深×高）：1300 mm×550 mm×520 mm；重量：145 kg；适用人数：2。

三、使用范围

该洁净工作间洁净度等级为100，为有洁净度要求的生物、医药、化学实验提供局部洁净空间。

四、实验步骤

1. 安装完毕的洁净工作台在使用前应该用布或中性家用清洁剂将工作台上体和下体底座进行彻底擦拭。

2. 开机步骤：

（1）接通电源。

（2）按下"电源"键，系统通电，对应指示灯点亮，紫外灯灭菌。

（3）在实验前10 min按下"风机"键，对应指示灯点亮，风机运转。

（4）检查清洁工作台状态。

（5）进行实验操作。

3. 使用完毕后关机。关机步骤如下：

（1）取出所有实验物品。

（2）清洁工作台和内壁。

（3）紫外灯杀菌消毒，一般是 30 min。

（4）按下"电源"键，系统断电，对应指示灯灭。

4. "设置"键可以设置紫外灯杀菌时间、紫外灯延时点亮时间，系统当前时间和预约时间以及垂直流风机预处理时间。

按住"设置"键 5 s，进入用户设置模式。面向用户的参数包括：

$t1$ 紫外灯杀菌时间 99 min 内，默认值 30 min，可调。

$t2$ 紫外灯延时杀菌时间，99 s 以内，默认值 10 s，可调。

$t3$ 系统当前时间设置无最大值、最小值和默认值，可调。

Pt 预约时间设置，默认值 0800，可调。

Ft 垂直流风机预处理时间设置，最小 3 min，最大 15 min，默认值 3 min，可调。

五、注意事项

1. 使用工作台时，应提前 50 min 开机，同时开启紫外杀菌灯处理操作区内表面积累的微生物，30 min 后关闭杀菌灯（此时日光灯即开启），启动风机。

2. 对新安装的或长期未使用的工作台，使用前必须先用超静真空吸尘器或用不产生纤维的工具对工作台和周围环境进行清洁，再采用药物灭菌法或紫外线灭菌法进行灭菌处理。

3. 操作区内不允许存放不必要的物品，以保证工作区的洁净气流流型不受干扰。

4. 紫外灯键按下后有 10 s 的延时，这是为了给操作人员留出离开的时间。

实验十九　激光粒度仪的使用

激光粒度仪是通过颗粒的衍射或散射光的空间分布（散射谱）来分析颗粒大小的仪器，其测试过程不受温度、介质黏度、试样密度及表面状态等诸多因素的影响，只要将待测样品均匀地展现于激光束中，即可获得准确的测试结果。

一、实验目的

1. 了解激光粒度仪的测量原理。
2. 掌握激光粒度仪操作规程。

二、工作原理

激光粒度仪是根据颗粒能使激光产生散射这一物理现象测试粒度分布的。由于激光具有很好的单色性和极强的方向性，所以在没有阻碍的无限空间内激光将会照射到无穷远的地方，并且在传播过程中很少有发散的现象。

米氏散射理论表明，当光束遇到颗粒阻挡时，一部分光将发生散射现象，散射光的传播方向将与主光束的传播方向形成一个夹角 θ，θ 角的大小与颗粒的大小有关：颗粒越大，产生的散射光的 θ 角就越小；颗粒越小，产生的散射光的 θ 角就越大。即小角度（θ）的散射光是由大颗粒引起的；大角度（θ_1）的散射光是由小颗粒引起的。进一步研究表明，散射光的强度代表该粒径颗粒的数量。这样，测量不同角度上的散射光的强度，就可以得到样品的粒度分布了。

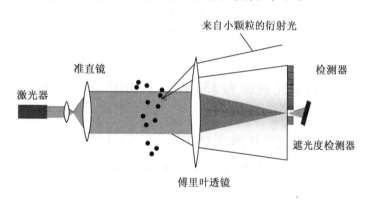

图 1-19-1　激光粒度仪工作原理

为了测量不同角度上的散射光的光强，需要运用光学手段对散射光进行处理。我们在光束中的适当位置放置一个傅氏透镜，在该傅氏透镜的后焦平面上放置一组多元光电探测器，当不同角度的散射光通过傅氏透镜照射到多元光电探测器上时，光信号将被转换成电信号并传输到电脑中，通过专用软件对这些信号进行处理，就会准确地得到粒度分布了。

激光照射到微粉颗粒上产生光的衍射效应，颗粒的大小差异带来激光衍射角度的变化，投影到探测器上表现为衍射光环大小的变化。激光粒度仪会根据光环的大小来分析粒度的粗细，根据光环的强弱判断某一粒度数量的多少。然后由计算机根据衍射光环的大小和光的强弱，按照预定的数学关系进行拟合近似分析，从而得到样品的粒度组成分析结果。

主要设备参数如下。

测试范围：1~5000 nm（与样品有关）；准确度误差<5%（国家标准样品）；重复性误差<5%（国家标准样品）；激光波长 λ = 532 nm，LD 泵浦激光器；探测器光电倍增管（PMT）；散射角90°；样品池 10 mm×10 mm，4 mL；测试温度 10~35 ℃；测试时间<10 min。

三、适用范围

1~5000 nm 颗粒粒径的分析。通常对球形均一纳米粒子的分析更为准确。

四、实验步骤

1. 接通电源，打开电脑，打开稳压电源，打开激光器，进入设备预热过程。
2. 10 min 左右后打开软件，进入软件设置窗口。
3. 输入参数后，点击"开始"即可进入测试过程。
4. 测试完毕后，记录数据，取出样品，清理测试池。
5. 关闭激光器，关闭稳压电源，关闭电脑软件。
6. 清理实验台，做好实验记录和设备使用记录。

五、注意事项

1. 由于激光粒度仪激光波长为 532 nm，因此被测样品不可以发射或强吸收 532 nm 的光。
2. 激光器为小功率氦氖气体激光器，可用有效功率<1 mW，对人体不会造成伤害，但要注意：为了保护您的眼睛，请勿直视激光束，也不要通过反射镜观察激光束。
3. 应在清洁无尘的实验室工作，温度在 15~35 ℃，室内无强电磁干扰。
4. 需要 220 V、50 Hz 的交流电源，电压波动小于 10%，普通照明电源均可达到此要求。
5. 激光粒度分析仪的操作比较简单，在经培训后，具有中学文化水平的人员也可熟练掌握。

6. 一次粒度分析需要多少样品？

（1）湿法：1 g 左右的干粉样品，微细粉末也可少些，较粗粉末则应多些。液体视其浓度而定。

（2）干法：不少于 100 g 的干粉样品，微细粉末可少些，较粗粉末则应多些。

（3）静态测试：如果您的颗粒非常稀少而贵重，静态测试比较适当，静态测试仅需 1 mg 样品。

7. 如何调整浓度？

测试中液晶屏随时显示颗粒浓度，因此可以随时调整样品量，使浓度处于最佳范围。所谓最佳范围是指激光不发生多次散射的颗粒浓度范围。在此范围内测试结果具有良好的重复性和准确度。物料不同，粒度分布不同，就有不同的最佳浓度。

实验二十 均质机的使用

均质机主要用于生物技术领域的组织分散、医药领域的样品准备、食品工业的酶处理,食品中农药残留和兽药残留的检测,以及制药工业、化妆品工业、油漆工业和石油化工等领域。均质机采用不锈钢系统,可有效分离固体样品表面和被包含在内的微生物均一样品,样品装在一次性无菌均质袋中,不与仪器接触,满足快速、结果准确、重复性好的要求。

一、实验目的

学习均质机的使用。

二、工作原理

均质机的工作原理是,由高速电机驱动分散均质工作头,配合精密爪式结构转子与定子,转子高速旋转形成高频、强烈的圆周切线速度、角向速度等综合功能,促使实验物料从实验容器底部被吸入转子区,并在巨大的离心力作用下从定子中甩出,定子、转子在合理狭窄的间隙中形成强烈、往复的液体剪切、摩擦、离心挤压、液流碰撞等综合效应,实验物料在容器内循环往复以上工作过程,并承受每分钟高达数万次的剪切、撕裂、撞击和混合,从而达到分散均质的效果。均质机的效能比普通搅拌的效能高约1000倍。

主要设备参数如下。

允许环境温度:不大于40 ℃;允许相对湿度:不大于80%;转速调节范围在300~23000 rpm。工作制式:S2 模式 5 min(断续);液体处理量:30~800 mL;适合最大黏度1000 MPa·s;转子最大线速度11 m/s;输入功率280 W;输出功率200 W;最高使用温度120 ℃。

三、适用范围

实验室分散均质机适用于生物技术领域的组织分散、医药领域的样品准备、食品工业的酶处理以及制药工业、化妆品工业、油漆工业和石油化工等领域,液与液相、液与固相,黏度低于0.2 Pa·s,温度低于80 ℃的液体物料实验方面。能使实验介质在料液中挤压、强冲击与失压膨胀的三重作用下细化,更均匀地相互混合,防止与减少料液的分层,如乳品、饮料、化妆品、药品等产品的匀浆,组织细胞实现柔软破碎等。

四、实验步骤

1. 接通电源。

2. 将工作头置于液体介质中，转动调速旋钮开关，此时指示灯亮，运行转速会逐渐提升。反之，运行转速逐渐下降，指示灯熄灭直至关机。

3. 工作完毕后，请将调速旋钮开关退至起始点，拔除电源插头；并及时清理分散均质工作头，以便于下次使用。

五、注意事项

1. 本机应置于清洁干燥处，保持整洁，防止受潮，使用温度不超过 40 ℃，严格防止各类异物溅入电机内。

2. 若在较潮湿环境中使用本机，请配用漏电保护装置，以确保操作者人身安全。本机在电压剧烈波动电网中使用会发生转速失控，请配用电源稳压装置。

3. 本机在强腐蚀环境中使用时，为防止设备的机械及电气性能损伤，请注意做好必要的防护。

4. 本机若遇到挥发性、易燃等性质的介质用于实验，必须有严格防止易燃气体散发的有效措施，避免易燃、易爆气体遇电火花而爆燃，造成火灾事故。

5. 电机上的电刷是易损件，用户应经常检查和及时更换。

6. 该设备绝对禁止连续运行。为确保驱动主机性能安全，延长使用寿命，每运行 5 min 必须停机 3 min。

7. 严禁分散均质工作头离开液体介质运行，以免机械部件在高速运行时因无液体介质保护而损坏，造成机械故障。

实验二十一　土壤酸度计的使用

土壤过酸或过碱都是影响植物生长及其品质的重要因素，大多数的植物均不耐过酸或过碱的土壤。因此，了解土壤的酸碱度是相当重要的。土壤酸度计是用来监测土壤酸碱度的仪器，可以直接插入土壤进行测量。与较传统的测量土壤酸碱度的方法有所不同，它的操作更为简单，且直接插入土壤测量更能反映土壤的实际情况。

一、实验目的

学习土壤酸度计的使用。

二、工作原理

土壤酸度计由数值指示的电流表、金属传感器和功能数值切换装置组合构成，是以金属传感器为核心的硬件系统。其工作原理是，由金属传感器与土壤相接触，利用化学反应中的氧化还原反应产生电流，电流数值的大小驱动电流表对应不同的pH和湿度值的单元数据（不需要电池或其他外部电源支持）。

优势：直接插入土壤测量更能反映出土壤的实际情况；金属探头不像玻璃探头那么易损坏，不需要更换探头，其正常使用寿命在3 yrs以上；不用电池，永远不用担心没有电；日常使用，保养简单。

主要参数如下。

pH 范围：3～8；水分范围：1%～8%；pH 精度：±0.2；水分精度：±1%；温度：5～50 ℃；产品型号：KS-05；可测深度为6 cm，适用于地表酸度的测量；设计精良，既可以测量土壤pH值，又可以测量土壤湿度，测量准确，操作简单。

三、实验材料和设备

不同地域的土壤等。

四、实验步骤

1. 当测定点的土壤太干燥或肥分过多，无法测土壤的酸碱度时，须先泼水在测定点位置上，待28 min后再测定。

2. 在使用测定器前，须先用研磨布在金属吸收板的部位完全地擦拭清洁，以防影响测定值。若是未使用的新品，因金属板表层有保护油，须先将其插入土壤数次，磨净保护油层后再使用。

3. 测定酸碱值时，将测定器直接插入测试点土内，金属板面必须全部入土，约插入 10 min 后所得的才是正确值。土壤的密度、湿度和肥分都可能影响测定值，故必须在不同的位置测定数次，以求平均值。

4. 测定器在插入 10 min 后酸碱值很稳定，此时按下侧边白色按钮，湿度立即显示。

五、注意事项

1. 仪器的金属探头插在土壤中的时间不宜过长，以免氧化损坏、损伤探头的表面。测量结束后，必须及时用百洁布擦净金属探头表面的土壤颗粒。

2. 在存放仪器前，金属探头应清理干净、保持干燥。

3. 应使探头远离其他金属物质。

4. 此仪器只适用于测量湿润土壤，请不要将探头直接插入水溶液。

实验二十二　浊度计的使用

浊度计是依据浑浊液对光进行散射或透射的原理制成的测定水体浊度的专用仪器，一般用于水体浊度的连续自动测定。

一、实验目的

学习浊度计的使用。

二、工作原理

浊度是指水中悬浮物在光线透过时所发生的阻碍程度。水中含有的泥土、粉尘、细微有机物、其他微生物和胶体物可使水体呈现浊度。传感器上发射器发送的光波在传输过程中经过被测物的吸收、反射和散射后，有一部分透射光线能照射到180°方向的检测器上，有一部分散射光散射到90°方向的检测器上。在180°和90°方向检测器上接收到的光线强度与被测污水的浊度有一定的关系，因此通过测量透射光和散射光的强度就可以计算出污水的浊度。

本仪器是采集90°散射光来计算浊度，即在测量池放入样品后，由光源发出的光束在遇到悬浮颗粒时形成散射光，由此产生90°散射光的浊度信号由光敏元件接收，光信号经电路放大和处理后，由数字电路显示出测量值。

设备主要参数如下。

测定原理：90°散射光；测量范围：0～200 NTU；最小示值：0.01；零点漂移：±1.5%（F.S 30 min）；示值稳定性：±1.5%（F.S 30 min）；重复性：≤2%；示值误差：±6%。

三、使用范围

本仪器采用国际标准ISO7027中规定的福尔马肼（Formazine）浊度标准溶液进行标定，采用NTU浊度计量单位标定。同时仪器也可直接采用EBC、ASBC浊度单位显示。可以广泛应用于发电厂、自来水厂、生活污水处理厂、饮料厂、环保部门、工业用水单位、制酒行业、制药行业及防疫、医院等部门的浊度测定。

四、实验材料和设备

福尔马肼标准溶液、去离子水、擦镜纸、4节AA碱性电池、浊液等。

五、实验步骤

1. 开启仪器电源开关，预热5 min。
2. 用不落毛软布擦拭试样瓶上的水渍和指印，如不易擦净，可用清洁剂浸泡，然后再用清水冲洗干净。

3. 准备好校零用的零浊度水和校满度用的福尔马肼标准溶液（用户应注意仪器的型号规格，配制满量程的标准液来校正仪器，以保证一定测量范围内的准确性）。

4. 用一个清洁的容器采集好具有代表性的样品。

5. 零水校正：将零浊度水置入测量池内，试样瓶的刻度线应对准测量池上的白色定位线，然后盖上遮光盖，按"校正"按键，仪器显示"0.0"并且闪烁，在确认测量池内是零浊度后，按"确认"键，仪器进入校零阶段，倒计数 15 s，零水校正完毕后，仪器进入测量阶段。（注：仪器记录该零水为相对零值，如果零水不是很纯，则测量另一更干净的水时会出现负值）

6. 满度校正：按两下"校正"按键，即进入满度校正，满度值闪烁，放入满度标准液，试剂瓶的刻度线应对准测量池上的白色定位线，然后盖上遮光盖，按确认键，仪器进入满度校正阶段，倒计时 15 s，校正完毕后，仪器自动进入测量阶段。（当校正溶液偏差较大时，仪器显示"Err1"，停止工作，关机，用户应重新配制标准液，重复第 5、第 6 步骤）

下面进入具体使用阶段：

1. 将电源适配器的一端插入仪器的电源适配器插座，另一端直接通上外电源；或者将 4 节 AA 碱性干电池按极性放入仪器的电池盒内。

2. 开机。按仪器的电源开关，预热 15 min。

3. 按"背光"按键，仪器显示屏可以开启或者关闭背光灯。

4. 按"切换"按键，选择所需要的浊度单位"NTU""EBC""ASBC"。

5. 将被测样品摇匀后放入测量池内，盖上遮光盖进行测量。等显示稳定后再读数，一般在 10 s 后读数。浊度计是用于测量悬浮于水或透明液体中的不溶性颗粒的，颗粒较大，或在液体中颗粒运动较快，或液体中有气泡，都会影响测量结果。当被测溶液浊度值低于零度水时则仪器显示负值，当被测溶液浊度值超出仪器的测量范围时仪器显示"——"。

六、注意事项

为了获取准确的浊度测量值，除了仪器本身必须具备优良的品质外，还有赖于化验员良好的操作技能及认真严谨的工作态度。如使用清洁的样瓶、正确的操作方法，认真去除气泡，确保仪器的工作条件，将使测得的结果更准确、更精确，重现性、线性也会更好。

1. 采样后要及时测量，以避免温度变化及水样颗粒沉降使测量结果缺乏真实性。

2. 样品瓶必须清洗得非常干净，避免擦伤留下划痕。用实验室的洗涤剂清洗样瓶内外，然后用蒸馏水反复漂洗，在无尘的干燥箱内干燥。如果样品瓶的使用时间长了，可用稀盐酸浸泡 2 hrs，然后用蒸馏水反复漂洗。拿取样品瓶时只能拿瓶体上半部分，以避免指印进入光路。

3. 选择恰当的零水和非常正确地配制标定点的福尔马肼标准液，是浊度测量的重要技术。应保证计算正确，注意配制标准液的每个步骤，均匀地摇晃原液，准确地移液，倒入零浊度仪时应注意刻度，低浊度的标准液应选用大容量的量瓶，以减小配制误差。

4. 选择校正用的标准液时，含量以选用所测量程满量程值为宜，且定标前应充分摇匀，测量前应保证校正值正确无误。对于低浊度测定及较高精度的测量应考虑瓶间的测量差异，必须使用同一样瓶进行定标及检测。校零时应选用零浊度水，要求不高时，可采用蒸馏水。注意：低浊度标准液不宜长期贮存。

5. 有代表性的水样能准确反映水源的真实性。因此，从各采样点取来的水样在测量前必须充分混匀，以避免水样沉降及较大颗粒的影响。置备时应去除样品瓶中的气泡。测量温度较低的水样时，样品瓶瓶体会发生冷凝水滴。因此在测量前必须让其放置一段时间，使水样的温度接近室温，然后再擦干净瓶体的水渍。

6. 测量时，不仅要考虑样品瓶的清洁及取样的正确性，同时还应保证测量位置的一致性。瓶体的刻度线应与测量池定位线对齐，并须盖上遮光盖，以避免杂散光的影响。试样测量时由于水样中颗粒物质的漂动，显示数值会出现来回变化，此时可以稍等一段时间，待数值逐渐稳定下来，即可读出水样浊度值。也有可能数据一直不稳，这是由于水样中的气泡过多，也有可能是悬浮的杂质引起的。读数时，应取中间值，即最大显示值加上最小显示值，再除以 2，得出中间值。

7. 使用环境必须符合工作条件。

8. 测量池内必须长时间清洁干燥、无灰尘，不用时须盖上遮光盖。

9. 潮湿气候下，必须相应延长开机时间。

10. 被测溶液应沿试样瓶壁小心倒入，防止产生气泡，影响测量的准确性。

11. 更换试样瓶或经维修后，必须重新进行标定。

12. 更换电池时应按正负极性正确安装。

13. 若非专业维修工程师，请勿打开仪器进行维修。

14. 若长时间停用，应避免高温或低温及潮湿的地方，以防止损坏仪器内部的光学系统及电气元件。

15. 定期清洗试样瓶及清除测量池内的灰尘，可以有效地提高测量准确度。清洗时，不能划伤玻璃表面。

16. 机内的光学元件不能直接用手触摸，以免影响通光率。维护时，可用脱脂棉蘸上酒精和乙醚混合液擦除表面的灰尘。

实验二十三　pH 计的使用

pH 计是用来测定溶液酸碱度值的仪器。

一、实验目的
学习 pH 计的使用。

二、使用范围
pH 测量的应用范围很广泛，可应用于环保、医药、食品、卫生、地质探矿、冶金、海洋探测等领域。常见的酸雨检测、地面水、工业废水、饮用水等，均要进行 pH 测量。

pH 计的主要应用

行业	化工行业	常见水质	食品行业	生物、制药
行业标准或者可测样品列举	化妆品；电镀液；日用品	饮用水 6.5~8.5pH； 地表水 6.0~9.0pH； 饮用水水源 6.5~8.5pH； 地下水 6.5~8.5pH； 淡水 6.5~8.5pH； 海水 7.0~8.0pH；	饮料、酒； 乳制品； 蛋白质样品； 果酱、酱油； 肉、蔬菜	有机酶 pH 值测量； Tris 试剂 pH 值测量； ……

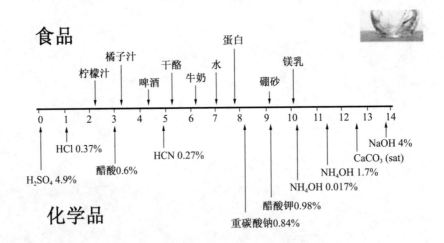

1. 主要参数

级别：0.01 级；

测量范围：-2.00~20.00；

mV：-1999~1999 mV；

温度：-5.0～135.0 ℃。

2. 分辨率

pH：0.01；

mV：1 mV；

温度：0.1 ℃。

3. 基本误差

pH：±0.01 ±1 个字；

mV：±0.1% FS；

温度：±0.2 ℃；

稳定性：(±0.01 ±1 个字)/3 h；

温度补偿：自动/手动（-5.0～135.0）℃；

电源：直流通用电源（9V DC，800 mA，内正外负）；

尺寸，重量：280 mm×215 mm×92 mm，1 kg。

三、实验材料和设备

缓冲液、待测溶液、滤纸、剪刀等。

四、实验步骤

1. 仪器安装：电极架插入电极插座内，pH 复合电极安装在电极架上，拉下 pH 复合电极前段的电极套；在 pH 电极插座处拔去短路插头，并分别将 pH 复合电极上的 pH 插头插入 pH 电极插座和温度传感器插座内。

2. 接通电源，仪器可正常使用。按下开关键，仪器自动进入 pH 测量工作状态。当仪器选择"定时测量"或"平衡测量"模式时，若仪器显示屏右下方闪烁显示，则表示本次测量结束，仪器自动锁定测量值，按"pH"或"mV"键方能进入下一次测量。

若仪器显示屏左上方显示"重新标定"，说明电极标定时间已经超过了用户设置的标定间隔时间，提醒用户必须对电极系统进行重新标定。

3. 电极电位 mV 的测量：当仪器处于 pH 测量工作状态时，按"mV"键，仪器即进入 mV 测量工作状态，此时仪器显示电压值。

4. 温度测量：当仪器处于 pH 或 mV 测量工作状态时，仪器接入温度传感器，仪器显示测得溶液的温度值为"XX.X ℃"；仪器不接入温度传感器，仪器显示设置手动温度值为"XX.X ℃"。

5. 电极的标定方法

（1）一点标定

一点标定定义为只采用一种 pH 缓冲溶液对电极系统进行标定，用于自动校准仪器的定位值。仪器把 pH 复合电极的百分斜率作为 100%，在测量精度要求不高的情况下，可采用此方法，以简化操作。操作步骤如下：

① 将 pH 复合电极插入仪器的测量电极插座内，并将该电极用蒸馏水清洗干净，放入 pH 标准缓冲溶液中。

② 在仪器处于 pH 或 mV 测量工作状态下，按"标定"键，仪器即进入"标定 1"工作状态（若误按"标定"键，按"取消"键返回即可）。此时，仪器显示屏右下方显示为"标定 1"。

③ 当显示屏上的 pH 值读数趋于稳定后，按"确认"键，说明仪器已完成一点标定。此时仪器显示屏右下方显示为"标定 1 已完成"。

④ 此时按"取消"键，则仪器返回相应的工作状态。若按"标定"键，仪器即进入"标定 2"工作状态。

（2）二点标定

二点标定是为了提高 pH 的测量精度，其含义是选用两种 pH 标准缓冲液对电极系统进行标定，测得 pH 复合电极的实际百分斜率和定位值。操作步骤如下：

① 在完成一点标定后，将电极取出重新用蒸馏水清洗干净，放入另一 pH 标准缓冲液中。

② 再按"标定"键，仪器即进入"标定 2"工作状态（若误按"标定"键，按"取消"键返回即可）。仪器显示窗右下方显示"标定 2"。

③ 当显示的数值读数趋于稳定后，按下"确认"键，说明仪器已完成二点标定。此时仪器显示屏右下方显示为"标定 2 完成"。

④ 此时按"取消"键，则仪器返回相应的工作状态。若按"标定"键，仪器即进入"标定 3"工作状态。

注意：当仪器显示"更换溶液"时，请检查电极是否被放入正确的标准缓冲溶液中（若标定 1 已使用某一种标准缓冲溶液，请更换另一种标准缓冲溶液），按"确认"键继续进行标定。

（3）三点标定

三点标定是为了提高 pH 的测量精度，其含义是选用三种 pH 标准缓冲溶液对电极系统进行标定，测得 pH 复合电极的实际百分斜率和定位值。操作步骤如下：

① 在完成二点标定后，将电极取出重新用蒸馏水清洗干净，放入第三种 pH 标准缓冲溶液中。

② 按"标定"键，仪器即进入"标定 3"工作状态（若误按"标定"键，按"取消"键返回即可）。此时仪器显示屏右下方显示为"标定 3"。

③ 当显示屏上的 pH 值读数趋于稳定后，按下"确认"键，说明仪器已完成三点标定。此时仪器显示屏右下方显示为"标定 3 已完成"。

④ 此时按"取消"键，则仪器返回相应的工作状态。

注：仪器经过标定后得到的参数值在关机后不会丢失。

6. 等电位点

在仪器处于 pH 或 mV 测量状态下，按下"ISO"键，仪器即进入等电位点选择工作状态（若误按"ISO"键，按"取消"键返回即可）。仪器设有 3 个等电位点，即等电位点 7.00、12.00、17.00。可通过上下箭头选用所需要的等电位点，再按"确认"键进行确认，确认完毕后按"取消"键，则仪器进入相应的工作状态。

一般水溶液的 pH 测量选用等电位点 7.00 pH；纯水和超纯水溶液的 pH 测量选用等电位点 12.00 pH；测量含有氨水溶液的 pH 值选用等电位点 17.00 pH。

7. 参数设置

当仪器处于 pH 或 mV 测量状态下时，按下"设置"键，仪器即进入"设置参数"状态，设置日期和时间、手动温度、测量方式、操作者编号、标定间隔时间等参数。用户通过上下键移动右向光标指向所需设置的参数项，按"确定"键，对选中的参数项进行设置。如果按"取消"键，则仪器返回相应的工作状态。

五、注意事项

1. 球泡前端不应有气泡，如有气泡，应用力甩去。

2. 电极从浸泡瓶中取出后，应在去离子水中晃动并甩干，不要用纸巾擦拭球泡，否则静电感应电荷转移到玻璃膜上，会延长电势稳定的时间。更好的方法是用被测溶液冲洗电极。

3. 在将 pH 复合电极插入被测溶液后，要搅拌晃动几下再静止放置，这样会加快电极的响应。尤其在使用塑壳 pH 复合电极时，搅拌晃动要厉害一些。因为球泡和塑壳之间会有一个小小的空腔，电极浸入溶液后，有时空腔中的气体来不及排出会产生气泡，使球泡或液接界与溶液接触不良，因此必须用力搅拌晃动以排出气泡。

4. 在黏稠性试样中测试之后，电极必须用去离子水反复冲洗多次，以除去黏附在玻璃膜上的试样。有时还需先用其他溶剂洗去试样，再用水洗去溶剂，浸入浸泡液中活化。

5. 避免接触强碱或腐蚀性溶液，如果测试此类溶液，应尽量减少浸入时间，用后仔细清洗干净。

6. 避免在无水乙醇、浓硫酸等脱水性介质中使用，因为它们会损坏球泡表面的水合凝胶层。

7. 塑壳 pH 复合电极的外壳材料是聚碳酸酯塑料（PC），PC 塑料在有些溶剂（如四氯化碳、三氯乙烯、四氢呋喃等）中会溶解。如果测试液中含有以上溶剂，就会损坏电极外壳，此时应改用玻璃外壳的 pH 复合电极。

实验二十四　扫描探针显微镜的使用

扫描探针显微镜（Scanning Probe Microscope，SPM）是扫描隧道显微镜及在扫描隧道显微镜的基础上发展起来的各种新型探针显微镜，如原子力显微镜（AFM）、激光力显微镜（LFM）、磁力显微镜（MFM）等的统称，是国际上近年发展起来的表面分析仪器，是综合运用光电子技术、激光技术、微弱信号检测技术、精密机械设计和加工技术、自动控制技术、数字信号处理技术、应用光学技术、计算机高速采集和控制及高分辨图形处理技术等现代科技的光、机、电一体化的高科技产品。

一、实验目的

1. 了解扫描探针显微镜测量的原理。
2. 掌握扫描探针显微镜操作规程。

二、背景知识

扫描探针显微镜（图1-24-1）是所有机械式地用探针在样本上扫描移动以探测样本影像的显微镜的统称。其影像分辨率主要取决于探针的大小。

扫描探针显微镜具有接触、轻敲、相移成像、抬起等多种工作模式，集成原子力显微镜（AFM）、摩擦力显微镜（LFM）、扫描隧道显微镜（STM）、磁力显微镜（MFM）和静电力显微镜（EFM）于一体，能够提供全部的原子力显微镜（AFM）和扫描隧道显微镜（STM）成像技术，可以测量样品的形貌、黏弹性、摩擦力、吸附力和磁/电场分布等表面特性（图1-24-2）。

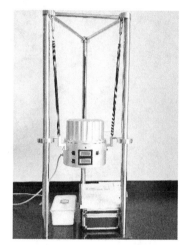

图1-24-1　扫描探针显微镜
（不同厂家、不同型号的这类显微镜的外观和功能会有不同）

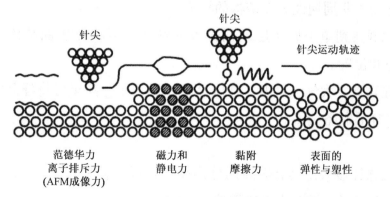

图1-24-2　与AFM有关的相互作用

扫描探针显微镜的工作原理是利用电子越过比自己能级高的势垒产生的隧道电流现象（图1-24-3），将样品本身作为一个电极，另一个电极是一根非常尖锐的探针。把探针移近样品，并在两者之间加上电压，当探针和样品表面相距只有数纳米时，由于隧道效应，探针与样品表面之间会产生隧穿电流，并保持不变。若表面有微小起伏，哪怕只有原子大小的起伏，也将使隧穿电流发生成千上万倍的变化。将这些信息输入电子计算机，经过处理即可在荧光屏上显示出物体的三维图像。

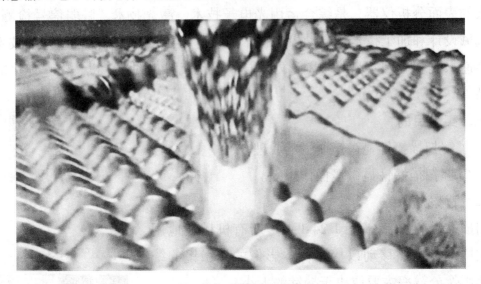

图1-24-3　隧道电流现象

三、特点和优势

1. 特点

（1）具有原子级的超高分辨率。理论横向分辨率可达0.1 nm，而纵向分辨率更高达0.01 nm，从而可获得物质表面的原子晶格图像。

（2）可实时获得样品表面的实空间三维图像。既适用于具有周期性表面结构的检测，又适用于非周期性表面结构的检测。

（3）可以观察到单个原子层的局部表面性质。可检测表面缺陷、表面重构、表面吸附形态和位置。

（4）可在真空、大气、常温、常压等条件下工作，甚至可将样品浸在液体中，不需要特殊的样品制备技术。

2. 优势

（1）扫描探针显微镜具有极高的分辨率。它可以轻易地"看到"原子，这是一般显微镜甚至电子显微镜难以达到的。

（2）扫描探针显微镜得到的是实时的、真实的样品表面的高分辨率图像，而某些分析仪器是通过间接的或计算的方法来推算样品的表面结构。也就是说，扫描探针显微镜是真正"看到"了原子。

（3）扫描探针显微镜的使用环境宽松。电子显微镜等仪器对工作环境要求比较苛刻，样品必须安放在高真空条件下才能进行测试。而扫描探针显微镜既可以在真空中工作，又可以在大气中，低温、常温、高温下，甚至在溶液中使用。因此扫描探针显微镜适用于各种工作环境下的科学实验。

四、应用领域

扫描探针显微镜的应用领域十分广泛。物理、化学、生物、医学等基础学科，以及材料、微电子等应用学科都有它的用武之地。

扫描探针显微镜在微电子学中的应用

扫描探针显微镜是为寻求微电子器件制造过程中的生产质量管理新方法而诞生的。在过去一段时期内，扫描电子显微镜（SEM）曾是微电子学的标准研究工具，它可以分辨出小至几个纳米的细节。但是这种显微镜要求试样涂覆金属并在真空中成像，且其三维分辨能力很差。此外，它发射的高能电子可能会损害甚至摧毁半导体器件，这就大大降低了扫描电子显微镜在控制生产质量方面的价值。扫描探针显微镜作为一种简单、直接而强有力的观察工具，一经问世立即被用于微电子器件的制造。尤其是扫描探针显微镜中的激光力显微镜，它能在不接触表面的情况下绘制出电子元件表面图像，而不论这些元件的组成成分如何，这对监督和改进亚微米集成电路的工艺具有突出的作用。

基于扫描探针显微镜的纳米加工技术，包括了一种纳米刻蚀技术（Nanolithgraphy）。这种技术可以实现在纳米尺度上制备产品。目前，微电子技术中最细的刻线为几分之一微米，而利用 STM 中针尖与表面的相互作用可以进行纳米级的刻蚀。目前刻蚀图形的线宽约为 10 nm。将这种纳米刻蚀技术应用于微电子的工作介质，就有可能制造出高密度的存储器。日本 NEC 公司已研制出超高密度记录技术，其记录密度约为目前磁盘记录密度的 3000 倍。若将 STM 刻蚀技术与分子束外延薄膜生产技术相结合，即可用于制造三维尺寸均为纳米级的量子器件。例如，利用砷镓和砷铝镓多层分子束外延薄膜材料加上纳米刻蚀，即可构成电或光的量子器件。这将对微电子、激光技术和光电技术带来革命性的影响。

扫描探针显微镜所提供的单个原子、分子的操纵手段还可能导致原子级的计算机开关器件的诞生。1991年，IBM公司科学家O. Eigler利用STM能快速重复地在镍表面同一位置"拾"起或"放"下一个氙原子，原则上创造了一个单原子双向开关。目前更为专用的操纵原子的"原子加工显微镜"已由美国科学家研制成功，这种显微镜可相当方便地移走材料表面的某一种原子和搬来另一种原子，从而形成一种新材料。这一切在数分钟内就可以完成。这种显微镜最激动人心的用途就是用于制造"原子尺寸"的计算机和毫微芯片。扫描探针显微镜在光盘、磁盘的表面结构分析中也获得了广泛的应用。此外，扫描探针显微镜还可以用于修整材料缺陷，改变材料特性，或是修整电子器件，从而使材料和电子器件的特性达到最佳化。美国能源部实验室的科学家卡兹墨斯基借助原子加工显微镜在材料表面掺杂后，N型材料变成了P型材料。

五、实验器材

扫描探针显微镜、探针、标准样品。

六、实验步骤

1. 登录计算机。打开电脑电源，登录计算机。

2. 打开控制器。

注意：控制器一定要在计算机开机的情况下才能打开。

3. 打开操作软件。选择并打开相应版本的操作软件（V6.13）。

4. 装探针。选择相应的模块（STM、AFM等）及配件，将针尖按照正确的方法放在悬臂梁架子上，根据实验需要选择合适的Head及Scanner，与Base连接好，并确认软件参数与之匹配。

5. 装样品。将事先制备好的样品粘在铁片上，并放到样品台的适当位置。

6. 调光路。准确调好悬臂梁上的激光点，实验操作要细心、严格，保证悬臂梁安全逼近样品表面。

7. 开始操作

① 选择实验所用的模式（STM、Tapping AFM、Contact AFM等）及相应的参数，之后安全进针。

② 成像。调节不同模式下的参数，使图像清晰。

③ 存图。当获得满意的图像时，必须在图像扫描结束之前保存，默认路径为缓存盘。

8. 结束操作。成像结束后要先退针，使探针安全离开样品表面一定的距离，之后再进行其他的操作。

9. 图像处理。图像处理功能很多，用户可根据自己的需要进行处理和保存，仪器将数据暂时缓存在电脑 D 盘内。由于空间限制，实验结束后应将原始数据和处理过的图像都转移到 E 盘内，以释放电脑缓存区。

10. 卸载相应配件。每次使用 SPM 完毕后，将 Scanner 和 Head 放入保干器中保存。

11. 刻录数据。本机提供的唯一数据拷贝方式是刻录光盘。请大家自己准备光盘。

12. 关闭控制器。控制器要在电脑关闭前关掉。

13. 退出计算机。点击软件主窗口的"关闭"键，退出程序，然后关闭 Windows，最后关闭显示器的"Display"开关。

14. 实验记录。操作结束后，请认真填写实验记录并清理好操作台及桌面。

七、注意事项

1. 此为精密设备，须倍加爱护。

2. 该设备须在熟练掌握下针技巧后方可独立操作。

3. 取出针夹具后，一定要倒置于滤纸上，并保证放在衣袖触碰不到的地方。

4. 在下针过程中注意观察主机中的水平偏差值（Horiz）和垂直偏差（Vert），若示值趋势是减小的则为正常。

5. 显微镜视场光斑打到样品台中心位置，保证样品台平整时针在视场的中心位置。

6. 在手动下针的过程中，调三轴调节钮时，注意观察水平偏差值（Horiz）和垂直偏差（Vert）。

7. 自动下针完成后，在调节 X，Y offset 确定扫描位置和范围的时候，务必先降低采样频率。

8. 在测试过程中，密切注意测试状态：显示 CRT 上针的状态及软件中可能出现超限提示的部分。

9. 在测试过程中，尽量保证环境气流稳定（请缓慢行走，轻轻关门）。

八、参考文献

1. JJF 1351 – 2012　扫描探针显微镜校准规范。

2. JJF 1001 – 2011　通用计量术语及定义。

3. GB/T 19067.1 – 2003　产品几何量技术规范（GPS）表面结构轮廓法测量标

准第1部分：实物测量标准。

九、思考题

1. 扫描时间和扫描范围有什么关系？

在分辨率相同的情况下，扫描范围越大，扫描时间越长。

2. 扫描时间对图像分辨率有何影响？

一般情况下，扫描时间越长，图像分辨率越高。

3. 如何使针尖变好？

震针。

4. AFM观察到的是真正的原子吗？

不是。

5. MFM观察到的是真正的表面磁畴吗？

不是。

实验二十五　接触角测量仪的使用

接触角测量仪主要用于测量液体对固体的接触角，即液体对固体的浸润性。该仪器能测量各种液体对各种材料的接触角。该仪器对石油、印染、医药、喷涂、选矿等行业的科研和生产有非常重要的作用。

一、实验目的

1. 了解接触角测量仪的测量原理。
2. 掌握接触角测量仪的操作规程。

二、背景知识

润湿是自然界和生产过程中的常见现象（图1-25-1）。通常将固—气界面被固—液界面所取代的过程称为润湿。将液体滴在固体表面，由于性质不同，有的会铺展开来，有的则黏附在固体表面成为平凸透镜状，这种现象称为润湿作用。前者称为铺展润湿，后者称为黏附润湿。例如，水滴在干净的玻璃板上可以产生铺展润湿。如果液体不黏附而保持椭球状，则称为不润湿。例如，汞滴到玻璃板上或水滴到防水布上的情况。此外，如果是能被液体润湿的固体完全浸入液体之中，则称为浸湿。

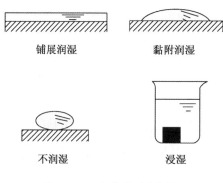

图1-25-1　各种类型的润湿

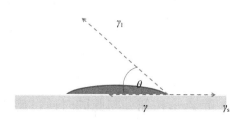

图1-25-2　接触角

所谓接触角（图1-25-2）是指在一固体水平平面上滴一液滴，在固体表面的固—液—气三相交界处，其气—液界面和固—液界面两切线把液相夹在其中时所形成的角。

接触角测量仪（图1-25-3）主要用于测量液体对固体的接触角，即液体对固体的浸润性。该仪器能测量各种液体对各种材料的接触角，对石油、印染、医药、喷涂、选矿等行业的科研和生产有非常重要的作用。

当液滴自由地处于不受力场影响的空间

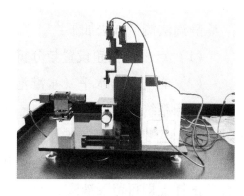

图1-25-3　接触角测量仪
（不同厂家、不同型号的这类测量仪其外观和功能会有不同）

时，其由于界面张力的存在而呈圆球状。但是，当液滴与固体平面接触时，其最终形状取决于液滴内部的内聚力和液滴与固体间的黏附力的相对大小。当一液滴放置在固体平面上时，液滴能自动地在固体表面铺展开来，或以与固体表面成一定接触角的形式存在。

三、实验器材

接触角测量仪、标准样品。

四、实验步骤

1. 打开仪器箱后，将所配的计算机与主机连接，调整好主机水平，使水准泡的气泡处于中心位置。

2. 接通电源，调整好光源亮度，开始实验。

3. 屏幕矩形区域为图像显示区，显示区显示当前摄像机摄入的图像内容。

4. 采样之前，首先要进行摄像系统水平调整：上下移动"升降平台"，使试样台的上边缘显示在视窗的底部。与试样台边缘线进行比对，如不在同一水平线，可轻微转动"摄像系统"旋钮进行调整，使二者平行。

5. 水平调整完毕后进入实验阶段。

6. 在实验过程中，参照"主机结构图"，转动"摄像调节"旋钮可以调节镜头的放大倍率和视场的大小。通过摄像系统的前后移动，试样平台的上下、左右移动，可以使液滴处于最佳显示状态。

7. 此时进入测量阶段，有两种方式可选：一是直接冻结图像，进入测量界面；二是点击按钮，与此同时通过旋钮进一步调节液滴状态，调整结束再点击按钮结束连续快照，然后通过点击按钮，浏览以缩略图方式显示的连续快照图像，从中选择最佳图片并双击打开，然后进行测算。

静滴法测量方法如下：

（1）点击"视频设置与分析"菜单，勾选"手动"项。

（2）首先调整水平（水准泡居中），上移工作台以工作台的上边缘线为基准，旋转摄像系统，使摄像窗口的上边或下边与之平行。

（3）再把试样置于工作台上放平压紧，利用微量进样器调整液滴的量，使其在针头形成液滴，转动旋钮使工作台上移，让试样表面与液滴接触，再下移工作台，试样上即可留下液滴。

（4）通过工作台和摄像系统的调节，使液滴显示清晰后，点击"冻结"按钮（也可通过"快照"和"浏览"最终选取最佳图片，双击后用以测量），即可按下述方法进行接触角的测量：

① 使用"快照"和"浏览"按钮。

② 按照分析软件内模型方法进行测量。

五、注意事项

1. 液滴尽量靠近试样的前端边缘，这样可使液滴的下边缘清晰。

2. 液滴尽可能位于视窗的中心。

3. 液滴边缘要清晰、规则。

4. 将窗口界面按顺序调整好（即通过调整前后焦距和放大焦圈尽量将窗口上端的黑圈消除掉）。

5. 观察液滴形态，如果液滴的上边缘出现很宽的亮白边，则说明试样平台前后端倾斜，不水平。

六、参考文献

1. 北京大学化学系胶体化学教研室. 胶体与界面化学实验［M］. 北京大学出版社，1993.

2. 金丽萍，邬时清，陈大勇. 物理化学实验［M］. 华东理工大学出版社，2005.

七、思考题

1. 液体在固体表面的接触角与哪些因素有关？

与表面物化性质及微观结构等有关。

2. 在本实验中，滴到固体表面上的液滴的大小对所测接触角读数是否有影响？为什么？

有。因为需要考虑重力的影响。

3. 实验中滴到固体表面的液滴的平衡时间对接触角读数是否有影响？

有。

4. 利用接触角仪能够开展哪些研究工作？

材料表面功能和性质的相关研究。

实验二十六 紫外/可见分光光度计的使用

紫外/可见分光光度法是在 190～800 nm 波长范围内测定物质的吸光度，用于鉴别、杂质检查和定量测定的方法。

一、实验目的
1. 了解紫外/可见分光光度计测量的原理。
2. 掌握紫外/可见分光光度计操作规程。

二、背景知识

分子的紫外可见吸收光谱是由于分子中的某些基团吸收了紫外可见辐射光后，发生了电子能级跃迁而产生的吸收光谱。它是带状光谱，反映了分子中某些基团的信息，可以用标准光图谱再结合其他手段进行定性分析。

根据 Lambert-Beer 定律：

$A = \varepsilon bc$（A 为吸光度，ε 为摩尔吸光系数，b 为液池厚度，c 为溶液浓度），可以对溶液进行定量分析。

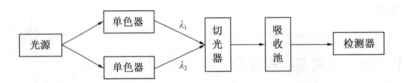

图 1-26-1 紫外/可见分光光度计检测示意图

三、实验器材

紫外/可见分光光度计（图 1-26-2）、标准样品。

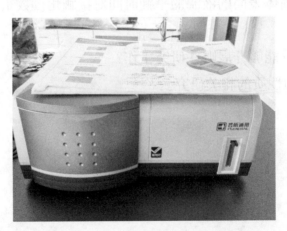

图 1-26-2 紫外/可见分光光度计（不同厂家、不同型号的这类设备其外观和功能会有不同）

四、实验步骤

1. 打开光谱仪电源。

2. 打开计算机电源。

3. 在文件管理器中用鼠标指按"UV WinLab"图标,此时出现 UV WinLab 的应用窗口,说明仪器已准备好,可选用适当方法进行分析操作。

4. 方法:在分析中必须对分光光度计设定一些必要的参数,这些参数的组合就形成了一个"方法"。Lambda 系列 UV WinLab 软件预设了四类常用方法。

第一类,扫描(SCAN),用以进行光谱扫描。

第二类,时间驱动(TIME DRIVER),用以观察一定时间内某种特定波长处纵坐标值的变化,如酶动力学。

第三类,波长编程(WP),用以在多个波长下测定样品在一定时间内的纵坐标值变化,并可以计算这些纵坐标值的差或比值。

第四类,浓度(CONC),用以建立标准曲线并测定浓度。

(1)进入"所需方法",在方法窗口中选择所需方法的文件名。

(2)方法的设定。

① 扫描、波长编程及时间驱动。各项方法可根据显示的参数表逐项按需要选用或填入,并可参考提示。

② 浓度。浓度方法窗口下方标签较多,说明做浓度测定时需要的参数较多。用鼠标指按每一标签可翻出下页,其上有一些需要测定的参数,必须逐页设定。

5. 工具条

(1)设置(SETUP)

当所需的各项参数都已在参数中设好后,必须用鼠标指按"SETUP",才能将仪器调整到所设状态。

(2)校零(AUTOZERO)

用鼠标指按此键,分光光度计即进行调零(在光谱扫描中则进行基线校正)。

(3)开始(START)

用鼠标指按此键,分光光度计即开始运行所设定的方法。

6. 方法运行

(1)扫描,时间驱动,波长编程

选好方法后,先放入参比溶液,按"校零"键,在自动校零或背景校正结束后再放入样品,按"开始"键,分光光度计即开始进行工作,同时屏幕上出现图形窗口，将结果显示出来。

（2）浓度

① 制订标准曲线

选好方法后，确认各项数据正确，特别是参照页中第一行要选中右上角的"编辑模式"。再放入参比溶液，按"校零"键自动校零或背景校正。

按"开始"键，待该图标消失后，再按"开始"键，按提示依次放入标准色列的各管溶液，每次都按提示进行操作。

标准色列测定完毕后，屏幕上出现"曲线校准窗口"，显示拟合的标准线，并标出各项标准管的位置，屏幕下方还有一条"浓度模式"的对话框，可以用来修改拟合的曲线类型（按"修改校曲"），或修改标准溶液中的任何一管（按"替换"），或取消某一管（按"删除"），或增加标准溶液的管数（按"添加"）。如果已经满意，则按"分析样品"键，进入样品测定窗口。

与标准曲线有关的各项数据均在"校正结果窗口"中，可用鼠标将其调出观察。其中包括每个标准溶液的具体数据、标准曲线的回程方程式、相关系数、残差。

② 样品浓度测定

a. 利用刚制订好的标准曲线接着进行样品浓度测定时，只需在"浓度模式"对话框按"分析样品"键，即进入样品测定窗口。按设定的样品顺序放入各样品管，每次按提示进行操作。屏幕上出现结果窗口，结果数据将依次显示在样品表中的相应位置。

b. 利用原有的标准曲线接着进行样品浓度测定时，调出所测定样品的浓度方法文件，首先调出"参照"页，将原设"编辑模式"选项取消，改设左上角的"使用现有校准"。重新将方法存盘，则今后再调用时即不需要再作修改。

在"样品"页中按要求重设各种样品名称机样品信息。

按工具条中的"设置"键，将主机设到该方法所设定的条件。

将参比溶液放入比色室，按"校零"键做背景校零。

按"开始"键，将参比溶液按设定的样品顺序放入各样品管，每次按提示进行操作。

屏幕上出现结果窗口，结果数据将依次显示在样品表中相应位置。

7. 关机

将方法及数据存盘，关闭方法窗，退出 UV WinLab；取出样品及参比溶液，清洁光谱仪，特别是样品室；关闭光谱电源；关闭计算机电源。

五、注意事项

1. 开机前将样品室内的干燥剂取出，在仪器自检过程中禁止打开样品室盖。

2. 比色皿内溶液以皿高的 2/3～4/5 为宜，不可过满，以防液体溢出腐蚀仪器。测定时应保持比色皿的清洁，池壁上的液滴应用擦镜纸擦干，切勿用手捏透光面。测定紫外波长时，须选用石英比色皿。

3. 测定时，禁止将试剂或液体物质放在仪器的表面，如有溶液溢出或由于其他原因将样品槽弄脏，应尽可能及时清理干净。

4. 实验结束后将比色皿中的溶液倒尽，然后用蒸馏水或有机溶剂冲洗比色皿至干净，倒立晾干。关闭电源，将干燥剂放入样品室内，盖上防尘罩，做好使用登记，必须得到管理老师认可方可离开。

六、问题处理

1. 如果仪器不能初始化，关机重启；如重启不成功，请向管理老师反映。

2. 如果吸收值异常，依次检查：波长设置是否正确（重新调整波长，并重新调零），测量时是否调零（如被误操作，重新调零），比色皿是否用错（测定紫外波段时，要用石英比色皿），样品准备是否有误（如有误，重新准备样品）。

实验二十七　光学显微镜的使用

显微镜是由一个透镜或几个透镜组合构成的一种光学仪器。其功能在于可放大微小物体，使其成为人的肉眼能看到的物体。

一、实验目的

1. 了解光学显微镜测量的原理。
2. 掌握光学显微镜的操作规程。

二、背景知识

普通的光学显微镜是根据凸透镜的成像原理制作而成的，要经过凸透镜的两次成像。第一次经过物镜（凸透镜1）成像，这时候的物体应该在物镜（凸透镜1）的一倍焦距和两倍焦距之间，根据物理学的原理，成的应该是放大的倒立的实像。而后以第一次成的物像作为"物体"，经过目镜第二次成像。由于我们观察的时候是在目镜的另外一侧，根据光学原理，第二次成的像应该是一个虚像，这样像和物才在同一侧。因此第一次成的像应该在目镜（凸透镜2）的一倍焦距以内，这样经过第二次成像，第二次成的像是一个放大的正立的虚像。如果相对实物说的话，第二次成的像应该是倒立的放大的虚像。

三、实验器材

光学显微镜（图1-27-1）、标准样品。

四、实验步骤

显微镜（镜头）低倍镜和高倍镜的使用方法不同，这里分别给大家介绍它们各自的使用方法。

1. 低倍镜的使用方法

（1）取镜和放置：显微镜属于高精密仪器，取镜时要特别小心。平时用完显微镜后应该将其存放在柜子里或箱子中。取出时，要用右手紧握镜臂，左手托住镜座，将显微镜稳稳地放在自己左肩前方的实验台上，以在镜座后端距桌边1～2寸（3.3～6.7 cm）为宜，这样便于操作。

图1-27-1　光学显微镜
（不同厂家、不同型号的这类显微镜其外观和功能会有不同）

（2）对光：用拇指和中指移动旋转器（切忌手持物镜移动），使低倍镜对准镜台的通光孔（当转动听到碰叩声时，说明物镜光轴已对准镜筒中心）。打开光圈，上升集光器，并将反光镜转向光源，用左眼在目镜上观察（右眼睁开），同时调节反光镜方向，直到视野内的光线均匀明亮为止。

（3）放置玻片标本：取一玻片标本放在镜台上（一定要使有盖玻片的一面朝上，切不可放反），用推片器弹簧夹将玻片标本夹住，然后旋转推片器螺旋，将所要观察的部位调到通光孔的正中。

（4）调节焦距：用左手按逆时针方向转动粗调节器，使镜台缓慢地上升至物镜距标本片约5 mm处（注意：在上升镜台时，切勿在目镜上观察）。一定要从右侧看着镜台上升，以免上升过多造成镜头或标本片的损坏。然后，两眼同时睁开，用左眼在目镜上观察，左手顺时针方向缓慢转动粗调节器，使镜台缓慢下降，直到视野中出现清晰的物像为止。

2. 高倍镜的使用方法

（1）选好目标：一定要先在低倍镜下把需进一步观察的部位调到中心，同时把物像调节到最清晰的程度，才能进行高倍镜下的观察。

（2）转动转换器，调换上高倍镜头。转换高倍镜时转动速度要慢，并从侧面进行观察（防止高倍镜头碰撞玻片）。如果高倍镜头碰到玻片，说明低倍镜的焦距没有调好，应重新操作。

（3）调节焦距：转换好高倍镜后，用左眼在目镜上观察，此时一般能看到一个不太清楚的物像，将细调节器的螺旋逆时针移动0.5～1圈，即可获得清晰的物像（注意：切勿用粗调节器！）。

五、注意事项

视野的亮度不合适就用集光器和光圈加以调节。如果需要更换玻片标本，必须顺时针（切勿转错方向）转动粗调节器使镜台下降，方可取下玻片标本。

如果物像不在视野中心，可调节推片器将其调到中心（注意：玻片移动的方向与视野中物像移动的方向是相反的）。如果视野内的亮度不合适，可通过升降集光器的位置或开闭光圈的大小来调节。如果在调节焦距时，镜台下降已超过工作距离（>5.40 mm）而未见到物像，说明此次操作失败，应重新操作，切不可心急而盲目地上升镜台。

实验二十八　荧光显微镜的使用

荧光显微镜是以紫外线为光源，用以照射被检物体，使之发出荧光，然后观察物体的形状及其所在位置的仪器。

一、实验目的
1. 了解荧光显微镜测量的原理。
2. 掌握荧光显微镜的操作规程。

二、背景知识

荧光显微镜（图 1-28-1）的原理和结构特点：利用一个高发光效率的点光源，经过滤色系统发出一定波长的光（如 365 nm 紫外入射光或 420 nm 紫蓝入射光）作为激发光，激发光激发标本内的荧光物质发射出各种不同颜色的荧光，然后再通过物镜和目镜的放大进行观察。这样在强烈的对比衬托背景下，即使荧光很微弱，也易辨认，且敏感性高。荧光显微镜主要用于细胞结构和功能以及化学成分等的研究。

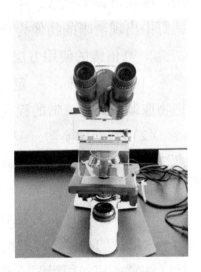

图 1-28-1　荧光显微镜
（不同厂家、不同型号的这类显微镜其外观和功能会有不同）

荧光显微镜基本是由普通光学显微镜加上一些附件（如荧光光源、激发滤片、双色束分离器和阻断滤片等）组成的。荧光光源一般采用超高压汞灯（50～200 W），它可发出各种波长的光，但每种荧光物质都有一个产生最强荧光的激发光波长，所以需加用激发滤片（一般有紫外、紫色、蓝色和绿色激发滤片），仅允许一定波长的激发光透过照射到标本上，而将其他光都吸收掉。

每种物质被激发光照射后，在极短时间内发射出较照射波长更长的可见荧光。荧光具有专一性，一般都比激发光弱，为能观察到专一的荧光，需在物镜后面加阻断（或压制）滤光片。它的作用有二：一是吸收和阻挡激发光进入目镜，以免干扰荧光和损伤眼睛；二是选择并让特异的荧光透过，以表现出专一的荧光色彩。两种滤光片必须选择配合使用。

荧光显微镜就其光路来分有两种：

1. 透射式荧光显微镜

激发光源是通过聚光镜穿过标本材料来激发荧光的。常用暗视野集光器，也可用普通集光器，调节反光镜使激发光转射和旁射到标本上，这是比较旧式的荧光显微镜。其优点是低倍镜时荧光强，缺点是随着放大倍数的增加其荧光减弱，所以对观察较大的标本材料较好。

2. 落射式荧光显微镜

这是近代发展起来的新式荧光显微镜，与透射式荧光显微镜的不同之处是激发光从物镜向下落射到标本表面，即用同一物镜作为照明聚光器和收集荧光的物镜。光路中需加上一个双色束分离器，它与光轴呈45°角，激发光被反射到物镜中，并聚集在样品上，样品所产生的荧光以及由物镜透镜表面、盖玻片表面反射的激发光同时进入物镜，再返回到双色束分离器，使激发光和荧光分开，残余激发光再被阻断滤片吸收。如果换用不同的激发滤片/双色束分离器/阻断滤片的组合插块，可满足不同荧光反应产物的需要。此种荧光显微镜的优点是视野照明均匀，成像清晰，放大倍数愈大荧光愈强。

三、实验器材

荧光显微镜、标准样品。

四、实验步骤

1. 插上电源插座，打开主机电源开关。

2. 将待检标本置于载物台上。

3. 用10×物镜对焦点，根据使用者的眼间距调节双目镜筒的间距。

4. 调节光圈及灯光强度至合适位置。

5. 调节粗调和微调，使标本至最清晰。

6. 拔出活动杆，使光路通过CCD至显示器。

7. 保存图像至电脑中。

8. 使用完毕后关掉电源。如果镜头上有指纹或污迹，用擦镜纸将其擦除。

五、荧光光源操作

1. 插上荧光光源电源插座，打开荧光光源电源开关。

2. 打开光栅。

3. 根据使用荧光素的不同选择不同的荧光滤光片。

4. 将待检标本置于载物台上。

5. 用10×物镜对焦点，根据使用者的眼间距调节双目镜筒的间距。

6. 调节粗调和微调，使标本至最清晰。

7. 拔出活动杆，使光路通过 CCD 至显示器。

8. 保存图像至电脑中。

9. 使用完毕后关掉电源。如果镜头上有指纹或污迹，用擦镜纸将其擦除。

10. 登记使用情况。

六、注意事项

1. 显微镜系精密仪器，务请不要碰击，要仔细小心使用。

2. 关闭荧光光源后，15 min 内不得再开启，否则会不稳定，影响汞灯寿命。

3. 荧光灯泡的最佳使用期限是 200 h，因此每次使用时请尽量缩短时间。

4. 未装滤光片时不要用眼直接观察，以免引起眼的损伤。

5. 用油镜观察标本时，必须用无荧光的特殊镜油。

实验二十九　电子分析天平的使用

电子分析天平是准确称量一定质量物质的仪器。其以称量准确可靠、显示快速清晰、操作简单等优点在工业生产、科研等方面得到了广泛应用。

一、实验目的
1. 了解电子分析天平测量的原理。
2. 掌握电子分析天平的操作规程。

二、背景知识

电子天平采用了现代电子控制技术，利用电磁力平衡原理实现称重。即测量物体时利用电磁力与被测物体重力相平衡的原理实现测量，当秤盘上加上或除去被称物时，天平会产生不平衡，此时可以通过位置检测器检测到线圈在磁钢中的瞬间位移，经过电磁力自动补偿电路使其电流变化以数字形式显示出被测物体的质量。天平在使用的过程中会受到所处环境温度、气流、震动、电磁干扰等因素的影响，因此我们要尽量避免或减少在这些环境下使用。

电子天平的重要特点是在测量被测物体的质量时不用测量砝码的重力，而是利用电磁力与被测物体重力相平衡的原理来进行测量。秤盘通过支架连杆与线圈连接，线圈置于磁场内。在称量范围内时，被测重物的重力 mg 通过连杆支架作用于线圈，这时在磁场中若有电流通过，线圈将产生一个电磁力 F，方向向上，可用下式表示：

$$F = KBLI$$

其中 K 为常数（与使用单位有关），B 为磁感应强度，L 为线圈导线的长度，I 为通过线圈导线的电流强度。电磁力 F 和秤盘上被测物体重力 mg 大小相等、方向相反而达到平衡，同时在弹性簧片的作用下使秤盘支架回复到原来的位置。即处在磁场中的通电线圈，流经其内部的电流 I 与被测物体的质量成正比，只要测出电流 I 即可知道物体的质量 m。当秤盘上加上或除去被称物时，电子天平就会产生不平衡，通过位置检测器检测到线圈在磁钢中的瞬态位移，经 PID 调节器和前置放大器产生一个变化量输出，经过一系列处理使流经线圈的电流发生变化，这样电磁力也随之变化并与被测物相抵消，从而使线圈回到原来的位置，达到新的平衡。这就是电子天平的电磁力自动补偿电路原理。电流的变化则通过数字显示出被称物体的质量。

三、实验器材

电子分析天平（图1-29-1）、标准样品。

四、实验步骤

1. 调水平。调整地脚螺栓高度，使天平水平仪内的气泡位于圆环中央。

2. 开机。接通电源后，按开关键"ON/OFF"，直至全屏显示。

3. 预热天平。在初次接通后，若长时间断电，须预热30 min。

4. 校正。按校正键"CAL"，天平将显示"100.0000"，轻轻放上专用矫正砝码，并盖上防风罩，等屏幕显示"100.0000"时拿下校正砝码，当屏幕显示"0.0000"时再次放上校正砝码，在屏幕显示"100.0000 ± 0.0001 g"时方可使用，否则必须重新校正。

图1-29-1 电子分析天平
（不同厂家、不同型号的电子分析天平其外观和功能会有不同）

5. 称量使用清零键"TARE"，除皮清零，放置样品进行称量。

五、注意事项

1. 电子天平在开始称量前须预热30 min。

2. 随时查看天平的气泡，注意天平是否水平。

3. 天平应有专人定期校正，随时保证天平的准确性。

4. 使用天平称量时，要轻拿轻放，绝不允许对天平尤其是称量盘有较大的冲击和震动。

5. 称量时一定要小心，不要将物料洒落在天平内。

6. 开关天平门时动作要轻，不允许碰出声音。洒落的物料的处理：找有经验的人处理；若情况紧急，自己采用恰当的方法进行处理。处理的方法：处理时避免物料进入称量盘下面。对于固体物料，须把天平门全部打开，用吸耳球用力吹出。对于液体物料，须用干净的滤纸轻轻将其吸干；吸不干的，必须找有经验的人处理。

7. 在称量时，被称物体应放在秤盘中央，称量物体的质量不允许超过天平的量程。

8. 过于冷热且有挥发性及腐蚀性的物体不可放入天平内称量。

实验三十　真空干燥箱的使用

真空干燥箱是专为干燥热敏性、易分解和易氧化物质而设计的，工作时可使工作室内保持一定的真空度，并能够向内部充入惰性气体，特别是对一些成分复杂的物品也能进行快速干燥，采用智能型数字温度调节仪进行温度的设定、显示与控制。

一、实验目的
掌握真空干燥箱的使用。

二、背景知识
真空干燥箱广泛应用于生物化学、化工制药、医疗卫生、农业科研、环境保护等领域，作粉末干燥、烘焙以及各类玻璃容器的消毒和灭菌用。特别适合用于对干燥热敏性、易分解、易氧化物质和成分复杂的物品进行快速高效的干燥处理。

智能型温度调节仪均有超温保护功能。在设备工作过程中，如果工作室内的温度超过设定温度值，超温保护电路工作，切断加热回路。

电热真空干燥箱可使工作室内保持一定的真空度并采用智能型数字温度调节仪进行温度的设定、显示与控制。该温度调节仪采用计算机技术对工作室内的温度信号进行采集、处理，可使工作室内的温度自动保持恒温。该温控系统属P.I.D智能控温，性能可靠、使用方便。

比起常规干燥技术，该系统具备以下优势：

（1）真空环境大大降低了需要驱除的液体的沸点，所以真空干燥可以轻松应用于热敏性物质。

（2）对于不容易干燥的样品，例如粉末或其他颗粒状样品，使用真空干燥法可以有效缩短干燥时间。

（3）各种构造复杂的机械部件或其他多孔样品经过清洗后使用真空干燥法完全干燥后不留任何残余物质。

（4）使用更安全。真空或惰性条件完全消除了氧化物遇热爆炸的可能。

（5）与依靠空气循环的普通干燥相比，真空干燥时粉末状样品不会被流动空气吹动或移动。

三、实验器材
真空干燥箱、样品。

四、实验步骤

1. 将物料均匀放在真空干燥箱内的样品架上，推入干燥箱内。

2. 关紧箱门、放气阀，箱门上有螺栓，可使箱门与硅胶密封条紧密结合。

3. 将真空泵与真空阀连接，开启真空阀，抽真空。

4. 依据真空泵的性能，抽到压力表的数值为真空泵的极限值为准。

5. 抽完真空后，先将真空阀门关闭（如果真空阀门关不紧，请更换），然后再将真空泵电源关闭或移除（防止倒吸现象产生）。

6. 根据物料的干燥周期，每隔一段时间观察一下压力表、温度表和箱体内的变化。如果压力表指数下降，则可能存在漏气现象，可再进行抽气操作。

7. 干燥完成后，先将放气阀打开，放出里面的气体，再打开真空干燥箱箱门，取出物料。

五、注意事项

1. 真空箱外壳必须有效接地，以保证使用安全。

2. 真空箱应在相对湿度（RH）≤85%，周围无腐蚀性气体、无强烈震动源及强电磁场存在的环境中使用。

3. 若真空箱工作室无防爆、防腐蚀等处理设施，则不得放入易燃、易爆、易产生腐蚀性气体的物品进行干燥。

4. 真空泵不能长时间工作，因此当真空度达到干燥物品要求时，应先关闭真空阀，再关闭真空泵电源。待真空度小于干燥物品要求时，再打开真空阀及真空泵电源，继续抽真空，这样可延长真空泵使用寿命。

5. 如果干燥的物品潮湿，最好在真空箱与真空泵之间加入过滤器，以免潮湿气体进入真空泵，造成真空泵故障。

6. 干燥的物品如果干燥后改变为重量轻、体积小（为小颗粒状），应在工作室内抽真空口加隔阻网，以防干燥物吸入而损坏真空泵（或电磁阀）。

7. 真空箱经多次使用后，会出现不能抽真空的现象，此时可通过更换门封条或调整箱体上的门扣伸出距离来解决。当真空箱干燥温度高于200 ℃时，会出现慢漏气现象（6050型、6050B型、6051型、6053型除外），此时可通过拆开箱体背后盖板用内六角扳手拧松加热器底座的螺丝，调换密封圈或拧紧加热器底座的螺丝来解决。

8. 若放气阀橡皮塞旋转困难，可在其内涂上适量油脂（如凡士林）润滑。

9. 除维修外，不得拆开左侧箱体盖（6090型及6210型除外），以免损坏电器控制系统。

10. 真空箱应保持清洁。箱门玻璃切忌用会发生反应的化学溶液擦拭，应用松软的棉布擦拭。

11. 若真空箱长期不用，应将露在外面的电镀件擦净并涂上中性油脂，以防腐蚀，并套上塑料薄膜防尘罩，放置于干燥的室内，以免电器元件受潮损坏，影响使用。

12. 真空箱不需连续抽气使用时，应先关闭真空阀，再关闭真空泵电源，否则真空泵油要倒灌至箱内。

第二章　立体化学结构作图软件 Chem 3D 的使用

实验一　立体化学结构作图软件 Chem 3D 的基本操作

一、实验目的
1. 熟悉立体化学结构作图软件 Chem 3D 的应用环境。
2. 了解如何使用立体化学结构作图软件 Chem 3D。

二、背景知识
Chem 3D 是 ChemOffice 的组成部分，它能很好地与 ChemDraw 协同工作，ChemDraw 上画出的二维结构式可以正确地自动转换为三维结构。Chem 3D Ultra 版还包括了一个很好的半经验量子化学计算程序 MOPAC，可以与著名的从头计算程序 Gaussian 连接，作为它的输入、输出界面，能够以三维的方式显示量子化学计算结果，如分子轨道、电荷密度分布等。

三、实验器材
装有 WindowsXP 以上版本的 32 位操作系统的计算机、Chem 3D 软件。

四、实验步骤
1. 启动 Chem 3D

在"开始"（Start）菜单中点击所有程序（P），选择弹出菜单 ChemOffice 中的 Chem 3D Ultra 即可启动程序。

2. Chem 3D 界面结构

Chem 3D 软件的最大特点就是界面结构简单。和 ChemDraw 类似，Chem 3D 打开后的窗口包含工作窗口、信息窗口、列表窗口、工具栏和菜单栏等，如图 2-1-1 所示。

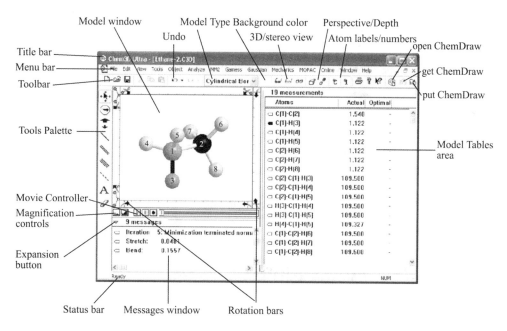

图 2-1-1　Chem 3D 打开后的窗口

3. 图形工具栏

图形工具栏包含所有能够在工作窗口绘制结构图形的工具，选择这些工具后，光标将随之改变成相应的工具形状。工具栏见图 2-1-2、图 2-1-3。

图 2-1-2　图形工具栏

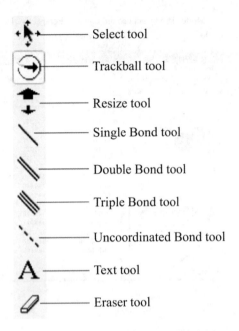

图 2-1-3　图形工具栏放大图

其他的类似于 ChemDraw，有兴趣的同学可以参考第一部分。

4. Chem 3D 提供了多种模型表现三维分子结构

简单的结构可以采用比例模型、圆柱键模型或球棍模型；复杂一些的结构可以采用棒状模型或线状模型（图 2-1-4）。

Chem 3D 的文件扩展名为".c3d"，模板文件名为".c3t"。还可以将 3D 模型存为其他格式的文件，或者存为图像文件。

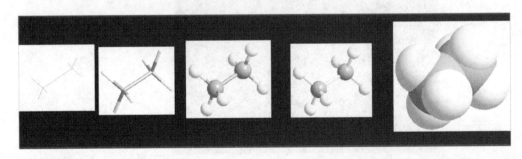

图 2-1-4　乙烷的五种 3D 显示属性（从左至右为线状模型、棒状模型、球棍模型、圆柱键模型、比例模型）

实验二　用立体化学结构作图软件 Chem 3D 建立 3D 模型

一、实验目的
1. 熟悉立体化学结构作图软件 Chem 3D 的应用环境。
2. 了解如何使用立体化学结构作图软件 Chem 3D 建立 3D 模型。

二、背景知识
一般的化学反应都需要绘制立体化学结构式，手工绘制非常麻烦，利用 Chem 3D 软件中的绘图工具，这一过程会变得非常简单，画出来的立体化学结构式也会非常漂亮。

三、实验器材
装有 WindowsXP 以上版本的 32 位操作系统的计算机、Chem 3D 软件。

四、实验步骤
Chem 3D 提供了多种多样的 3D 模型建立方法。可以利用单键、双键或叁键工具直接绘制 3D 模型，可以将分子式转换成 3D 模型，也可以利用 Chem 3D 提供的子结构或模板建立模型。

1. 利用键工具建立模型

（1）单击工具栏上的单键按钮（注意：View-Settings-Model Build-Rectify 选择上后会自动为所绘制的分子结构加上氢原子）。

（2）将鼠标移动至模型窗口，按住鼠标左键拖出一条直线（图 2-2-1），放开鼠标即成乙烷的立体模型（图 2-2-2）。

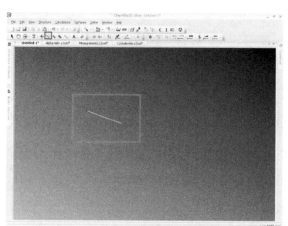

图 2-2-1　画直线

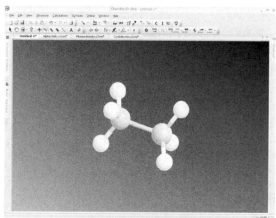

图 2-2-2　乙烷 3D 构型

(3) 将鼠标移至 C（1）原子上，向外拖出一条直线（图 2-2-3），放开鼠标即成丙烷 3D 模型（图 2-2-4）。

(4) 将鼠标移至 C（2）原子上，向外拖出一条直线（图 2-2-5），放开鼠标即成丁烷 3D 模型（图 2-2-6）。

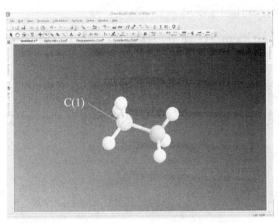

图 2-2-3　在乙烷 C 原子上画直线　　　　图 2-2-4　丙烷 3D 构型

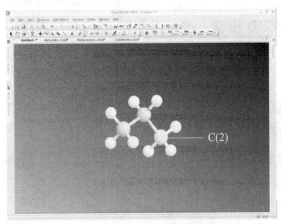
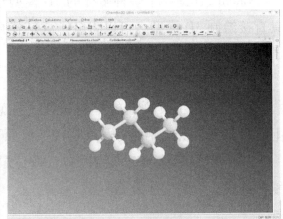

图 2-2-5　在丙烷 C 原子上画直线　　　　图 2-2-6　丁烷 3D 构型

2. 利用文本工具建立模型

3. 单击工具栏文本工具按钮

(1) 将鼠标移至模型窗口，单击鼠标出现文本输入框，在输入框中输入"C_4H_{10}"（图 2-2-7），按回车键，Chem 3D 自动将输入的分子式变成丁烷 3D 模型。

(2) 若化合物带有支链，可将支链用括号括起来（图 2-2-8、图 2-2-9、图 2-2-10）。

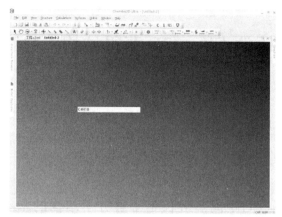
图 2-2-7　在输入框中输入"C_4H_{10}"

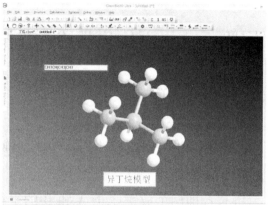
图 2-2-8　带支链的异丁烷 3D 构型

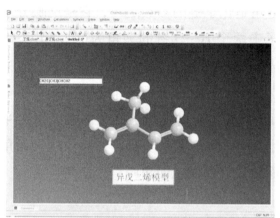
图 2-2-9　带支链的异戊二烯 3D 构型

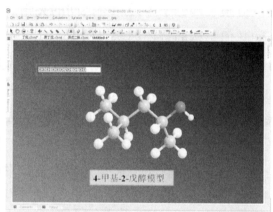
图 2-2-10　带支链的 4-甲基-2-戊醇 3D 构型

五、思考题

如何画出乙醇构型？

画出乙醇结构式后，类似以上程序进行教学操作。

实验三　用立体化学结构作图软件 Chem 3D 获得结构信息

一、实验目的

1. 熟悉立体化学结构作图软件 Chem 3D 的应用环境。
2. 了解如何使用立体化学结构作图软件 Chem 3D 获得结构信息。

二、背景知识

键长：即两个成键原子 A 和 B 的平衡核间距离。键长是了解分子结构的基本构型参数，也是了解化学键强弱和性质的参数。

键角：即分子中键和键之间的夹角。键角是化学键的参数之一，它是反映分子空间几何结构的重要因素。例如，H_2O 分子中两个 H—O 键的夹角为 104.5°，CO_2 分子中两个 C═O 键间的夹角为 180°。键长和键角决定分子的空间构型。

平面内的一条直线把平面分为两部分，其中的每一部分都叫半平面。从一条直线出发的两个半平面所组成的图形，叫二面角（这条直线叫二面角的棱，每个半平面叫二面角的面）。二面角的大小可以用它的平面角度来度量，二面角的平面角是多少度，就说这个二面角是多少度，平面角是直角的二面角叫直二面角。

三、实验器材

装有 WindowsXP 以上版本的 32 位操作系统的计算机、Chem 3D 软件。

四、实验步骤

1. 旋转模型

选择旋转工具（图 2-3-1）可以在任意方向选择所绘制的分子。

图 2-3-1　旋转工具

（1）将鼠标移动至工作窗口，按住鼠标左键。

（2）在任意方向拖动鼠标可以旋转模型。

注意：当拖动鼠标时，会出现一个圆。在圆内拖动鼠标使得模型绕 X 轴和 Y 轴旋转。当鼠标在圆外时，模型绕 Z 轴旋转，如图 2-3-2 所示。

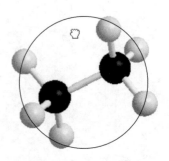

图 2-3-2　乙烯 3D 构型旋转

2. 查看模型分子信息

选择工具（图 2-3-3），将鼠标移动至相应原子位置将显示相应的原子序数、元素标识及原子类型，如图 2-3-4 所示。

图 2-3-3　选择工具

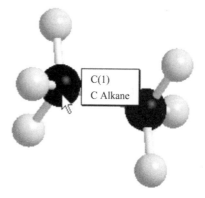

图 2-3-4　显示元素标识及原子类型

将鼠标移至 C—C 键上将显示键长及相应的键级，见图 2-3-5。

在选择原子的同时按住"Shift"键可以选择多个原子，可以通过这样的操作查看相应的键角和二面角。

- 选择 C（1），C（2）和 H（7）。
- 将鼠标移至任意的所选择的原子或键上将显示所选择的键角，见图 2-3-6。

类似的操作可以用来显示二面角。

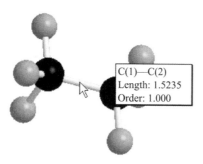

图 2-3-5　C—C 键键长及键级

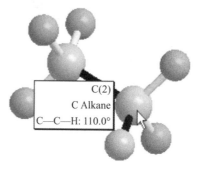

图 2-3-6　C—C—H 键角

3. 查看分子构型数据

绘制分子之后，在 Chem 3D 中可以通过测量工具在列表窗口显示分子的键长、键角等相应数据。具体操作如下：

（1）绘制相应的分子。

（2）从 Analyze 菜单中选择 Show Measurements，在弹出菜单中选择 Show Bond Lengths、Show Bond Angles、Show Dihedral Angles，将在右边的列表窗口中分别显示键长、键角、二面角数据，见图 2-3-7。

19 measurements		
Atoms	Actual	Optimal
C(1)-C(2)	1.523	1.523
C(1)-H(3)	1.113	1.113
C(1)-H(4)	1.113	1.113
C(1)-H(5)	1.113	1.113
C(2)-H(6)	1.113	1.113
C(2)-H(7)	1.113	1.113
C(2)-H(8)	1.113	1.113
C(2)-C(1)-H(3)	110.000	110.000
C(2)-C(1)-H(4)	110.000	110.000
C(2)-C(1)-H(5)	110.000	110.000
H(3)-C(1)-H(4)	109.000	109.000
H(3)-C(1)-H(5)	109.000	109.000
H(4)-C(1)-H(5)	108.812	109.000
C(1)-C(2)-H(6)	110.000	110.000
C(1)-C(2)-H(7)	110.000	110.000
C(1)-C(2)-H(8)	110.000	110.000
H(6)-C(2)-H(7)	109.000	109.000
H(6)-C(2)-H(8)	109.000	109.000
H(7)-C(2)-H(8)	108.812	109.000

图 2-3-7　键长、键角、二面角数据

第三章 纳米材料的制备及应用

实验一 四氧化三铁纳米颗粒的制备实验

一、实验目的
1. 了解四氧化三铁（Fe_3O_4）纳米颗粒制备方法的种类。
2. 掌握共沉淀法制备四氧化三铁（Fe_3O_4）纳米颗粒。

二、背景知识

四氧化三铁（Fe_3O_4）纳米颗粒的化学制备方法可分为均相制备法和非均相制备法。均相制备法包括共沉淀法、水热法和高温分解法；非均相制备法包括微乳液法和溶胶-凝胶法等。其中，水热法是指在特制的密闭反应容器中，通过加热创造一个高温高压反应环境，使通常难溶或者不溶的物质溶解并且重结晶，再经过分离和热处理得到产物的一种方法。高温分解法是通过在高沸点有机溶剂中加热分解有机金属化合物来制备四氧化三铁纳米颗粒的一种方法。微乳液法是指两种不相混溶的液体通过表面活性剂分子作为界面膜，形成热力学稳定、各向同性的分散体系，通过其体系中的微型反应器控制纳米颗粒的成核、生长、聚集等过程的一种方法。溶胶-凝胶法就是以有机或无机铁盐为原料，在有机介质中进行水解、缩聚反应，使溶液凝胶化，再经高温煅烧使其转化为氧化物或者其他形式的化合物固体颗粒的方法。

本实验采用共沉淀法制备四氧化三铁纳米颗粒。

共沉淀法是制备 Fe_3O_4 纳米颗粒最为常用也是最为经典的一种方法，通常是采用碱液（如 NaOH 和氨水溶液）与 Fe^{2+} 和 Fe^{3+} 的盐［如 $FeCl_2$、$FeSO_4$、$FeCl_3$、$Fe(NO_3)_3$］混合溶液在一定温度和 pH 值下高速搅拌进行沉淀反应（反应式见式 Ⅰ-1），然后将沉淀洗涤、分离、干燥，从而制得 Fe_3O_4 纳米颗粒。在用化学共沉淀法制备 Fe_3O_4 纳米颗粒的过程中，所采用分散体系的化学特性将对颗粒的性能产生一定影响。

$$Fe^{2+} + 2Fe^{3+} + 8OH^- \longrightarrow Fe_3O_4\downarrow + 4H_2O \qquad (Ⅰ-1)$$

该反应的热力学显示，在无氧条件下，当 pH 值为 8~14，Fe^{2+}/Fe^{3+} 物质的量比为1/2时，才能反应完全。共沉淀方法制备得到的Fe_3O_4磁性纳米颗粒的尺寸在2～20 nm，它们的尺寸形貌主要取决于反应体系的pH值、离子强度、温度、Fe^{2+}/Fe^{3+}物质的量比以及所使用的铁盐的种类等。

三、实验器材

氨水，$FeSO_4 \cdot 7H_2O$，$FeCl_3 \cdot 6H_2O$，盐酸，NaOH，高纯氮（>99.99%，分析纯，国药集团化学试剂有限公司），JJ-1精密定时电动搅拌器（国华电器有限公司），KQ-250E型超声波清洗器（昆山市超声仪器有限公司），NdFeB磁铁（表面磁场强度>1Tesla，定制），电热真空干燥箱（上海索谱仪器有限公司），pHS-3C型数显酸度计（上海雷磁仪器厂）。

四、实验步骤

1. 按照Fe^{3+}和Fe^{2+}物质的量比2∶1条件投料，用200 mL浓度为2 mol/L的盐酸溶液超声搅拌溶解54.05 g $FeCl_3 \cdot 6H_2O$，加至容量为3 L的单层玻璃反应釜中，通氮气搅拌。

2. 在超声条件下用50 mL浓度为2 mol/L的盐酸溶解27.80 g $FeSO_4 \cdot 7H_2O$，然后加至上述$FeCl_3$溶液中。

3. 一边通氮气搅拌，一边用蠕动泵将1.25 L 12.5%（质量分数）的四甲基氢氧化铵[$(CH_3)_4NOH$]水溶液快速加至铁盐溶液中，室温下反应1 h。

4. 然后进行磁分离洗涤一次，干燥后即可得到Fe_3O_4纳米颗粒，其X射线衍射（XRD）谱图及透射电镜（TEM）照片分别见图3-1-1和图3-1-2。

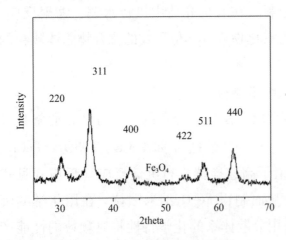

图3-1-1 四氧化三铁的XRD谱图

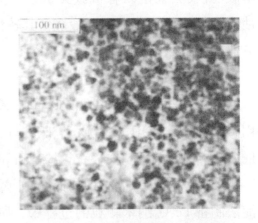

图3-1-2 Fe_3O_4磁性纳米颗粒TEM照片

五、参考文献

1. Ren Hong-Xuan, Liu Ling, Liu Chong, He Shi-Ying, Huang Jin, Li Jun-Li,

Zhang Yu, Huang Xing-Jiu, Gu Ning. Physiological Investigation of Magnetic Iron Oxide Nanoparticles towards Chinese Mung Bean [J]. Journal of Biomedical Nanotechnology, 2011 (7).

2. 任红轩. 磁性纳米材料的制备与应用发展趋势 [J]. 新材料产业, 2011 (8).

六、思考题

1. 本实验需要加表面活性剂吗？

需要。

2. 为什么要通氮气？

保护二价铁不被氧化。

实验二 超顺磁性实验

一、实验目的
认识纳米氧化铁的超顺磁性。

二、背景知识
20 nm 以下的 $\gamma\text{-Fe}_2\text{O}_3$ 所显示的是超顺磁性。超顺磁性，通俗地说，就是当被置入外界磁场中的时候，感应生出磁性，当把外界磁场撤离时，磁性就消失的特性。

大头针显示的是铁磁性。铁磁性是材料的一种磁性状态，具有自发性的磁化现象。在各种材料中以铁最广为人知，故以此命名。该材料被外部磁场磁化后，即使外部磁场消失，依然能保持其磁化的状态而具有磁性，此即"自发性的磁化现象"。所有的永久磁铁均具有铁磁性或亚铁磁性。通常，铁、钴、镍都是铁磁性物质。

实验中所用的磁铁属于永磁体。通俗地说，能够长期保持其磁性的物质称永磁体，如天然的磁石和人造磁钢等。永磁体是硬磁体，不易失磁，也不易被磁化。

三、实验器材
20 nm 以下的 $\gamma\text{-Fe}_2\text{O}_3$ 悬浮液、大头针、磁铁、试管、水。

四、实验步骤
1. 取 0.5 mL 20 nm 以下的 $\gamma\text{-Fe}_2\text{O}_3$ 悬浮液滴到试管中，加入 10 mL 水稀释，振荡 1 min，使 $\gamma\text{-Fe}_2\text{O}_3$ 均匀分散。

2. 将磁铁放在试管底部，观察试管中发生的现象。

3. 将磁铁撤离试管底部，观察试管中发生的现象。

4. 取一枚大头针，用磁铁接近大头针，观察发生的现象。

5. 将磁铁上的大头针取下，用这枚大头针接近另一枚大头针，观察发生的现象。

6. 比较试管中的 $\gamma\text{-Fe}_2\text{O}_3$ 和大头针发生现象的区别。

五、思考题
1. 鸽子为什么有辨认方向并回归鸽巢的本能？
鸽子等动物的体内有磁小体，具备导航功能。

2. 本实验为什么要用 20 nm 以下的 $\gamma\text{-Fe}_2\text{O}_3$ 悬浮液？
因为只有 20 nm 以下的 $\gamma\text{-Fe}_2\text{O}_3$ 悬浮液才具有超顺磁性。

实验三　纳米氧化铁去除水中染料实验

一、实验目的
1. 认识纳米氧化铁的超顺磁性。
2. 了解纳米氧化铁超顺磁性的应用。

二、背景知识

淡水是人类最重要的资源之一。但随着人口的增长和经济的发展，水污染日益加剧，如何保障廉价获取清洁的水资源成为人类面临的日益紧迫的问题。尽管传统的水处理方法能去除水中的大部分杂质，但在处理某些高毒性物质，比如某些重金属时，效率并不高。

淡水是人类最重要的资源之一。但随着人口的增长和经济的发展，水污染日益加剧，如何保障廉价获取清洁的水资源成为人类面临的日益紧迫的问题。尽管传统的水处理方法能去除水中的大部分杂质，但在处理某些高毒性物质，比如某些重金属时，效率并不高。

染料废水是一种危害较为严重的污染源。吸附去除污染物是一种简单有效可行的方法。纳米材料具有比表面积大、吸附效果好的优点，是吸附去除污染物包括有机染料、重金属污染等的重要选择。

纳米级的 $\gamma\text{-}Fe_2O_3$ 颗粒对有机染料、无机重金属离子等具有很好的吸附能力。水中悬浮着的纳米铁氧化物颗粒吸附污染物后，在磁场的作用下，会被移出溶液，同时带动其他颗粒一起被移，只剩下净化水。这种吸附去除具有操作简单易行的特点。以引发膀胱癌、直肠癌等的重金属砷污染这一全球性问题为例，现有的除砷方法需要昂贵的硬件设施和大量的电力投入。而研究表明，在较低的电磁场作用下（手持磁铁即可），$\gamma\text{-}Fe_2O_3$ 颗粒即可使饮用水中的砷污染物含量减少到美国环保署要求的水平。

利用磁性纳米 $\gamma\text{-}Fe_2O_3$ 处理水中的污染物具有方法简单的优点，且纳米颗粒制备工艺简单，易于产业化，制造纳米铁锈的原料也不贵，生产成本较低，所以是有望被实际应用于水污染处理的。

三、实验器材

$\gamma\text{-}Fe_2O_3$ 纳米胶体溶液、铁锈、试管（或小瓶子）、多种染料，磁铁、玻璃棒。

四、实验步骤

1. 实验组

（1）在试管内加入少许染料，观察试管内染料的颜色以及透明度。

（2）加入少许 γ-Fe$_2$O$_3$ 纳米胶体溶液，用玻璃棒搅拌均匀，观察其颜色以及透明度。

（3）将磁铁靠近试管底部，观察溶液颜色及透明度的变化。

（4）将磁铁撤离，并远离试管，观察溶液的变化。

（5）再次将磁铁靠近试管底部，然后将溶液倾倒出来，观察底部剩余物质的颜色。

2. 对照组

（1）在试管内加入少许染料，观察试管中染料的颜色以及透明度。

（2）加入少许铁锈，用玻璃棒搅拌均匀，观察溶液颜色以及透明度。

（3）将磁铁靠近试管底部，观察溶液的变化。

（4）将磁铁撤离，观察溶液的变化。

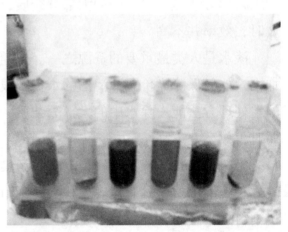

图 3-3-1　在溶液中加入 γ-Fe$_2$O$_3$ 纳米粒子前后对照图

（5）再次将磁铁靠近试管底部，然后将溶液倾倒出来，观察底部剩余物质的颜色（图 3-3-1）。

可以尝试加入其他有颜色的物质，观察其变化。

五、思考题

1. 有哪几种方法可以去除水中的有机污染物？

过滤法、沉淀法、催化降解法。

2. 为什么要加入 20 nm 以下的纳米氧化铁？用别的尺寸可以吗？

不可以用别的尺寸。因为 20 nm 以下的纳米氧化铁具备超顺磁性。

3. 为什么用纳米氧化铁？用其他材料可以吗？

因为纳米氧化铁可吸附染料分子。也可以用其他材料。

实验四　纳米氧化铁的类酶催化实验

一、实验目的

认识纳米氧化铁的催化功能。

二、背景知识

天然酶在生物医药、化工、食品加工和农业方面有着广泛的应用。作为一类生物催化剂，它们具有催化高效、特异性好且反应条件温和等诸多优点。但是大多数天然酶是由蛋白质构成的，易受环境影响而变性失活。例如，温度大于或小于37 ℃，均会造成天然酶活性显著下降，甚至变性失活；天然酶对酸度（通常用氢离子浓度的负对数pH表示）有很强的依赖性，pH过高或者过低都会造成天然酶活性显著下降；等等。此外，天然酶的制备纯化相对烦琐且耗时，因此价格也相对昂贵。以上这些缺点导致天然酶在工业上的应用受到很多限制。为克服天然酶的这些缺陷，研究人员一直在寻找其替代物。经过多年的努力，一些有催化功能的材料终于浮出水面，它们具有类似天然酶的高效和特异的催化活性，但化学结构更为简单，性能更为稳定，受环境影响小，通常称这类物质为人工模拟酶。迄今为止，各国学者在人工模拟酶的研究方面做了大量的工作，成功制备了多种功能性有机分子模拟酶（如超分子模拟酶、印迹高分子模拟酶以及有机分子团簇模拟酶等）、人工核酶、细胞色素P450模拟酶以及过氧化物模拟酶等。其中研究较多的是过氧化物模拟酶，如细胞色素C、生物小分子氯化血红素，以及化学合成的可溶性金属卟啉化合物、金属酞菁化合物和环糊精等。但这些化合物均为有机物，在很长一段时间里，都没有无机模拟酶的身影。纳米科技的发展，使无机物成为人工模拟酶有了可能。

三、实验试剂

双氧水、辣根过氧化物酶、15％过氧化氢溶液、铁粉、大颗粒的铁锈、木炭、石灰水、纳米 Fe_3O_4。

四、实验步骤

实验内容及步骤（以过氧化氢催化制氧为例）：

1. 制氧步骤

查：检查装置的气密性。用夹子把导管夹上（应使用两节导管，中间用较短的橡皮管连接，以便于检查），然后往长颈漏斗中加水，如果长颈漏斗颈部的水柱不下降，说明气密性良好。

装：装药品。先装固体，后装液体（防止液体飞溅）。

收：收集气体。可以使用排水法、向上排空法（图3-4-1和图3-4-2）。

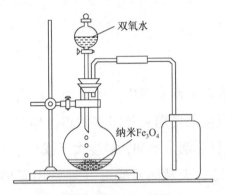

图3-4-1　向上排空气法收集氧气

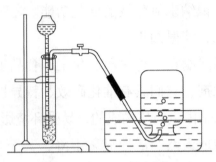

图3-4-2　排水法收集氧气

长颈漏斗的颈部应在液面以下，以防止气体从长颈漏斗泄漏。为方便控制反应的发生、停止以及反应的速度，可用分液漏斗代替长颈漏斗（图3-4-3和图3-4-4）。

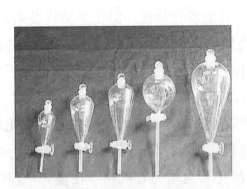

图3-4-3　各种容量的分液漏斗

图3-4-4　固定在铁架台上的分液漏斗

（1）导管应稍露出橡皮塞，以便于气体的排出。

（2）用排水法收集时，待气泡均匀连续冒出时再收集（刚开始排出的是试管中的空气，此时收集的气体不纯）。

（3）用向上排空气法收集气体时，应将导管伸到集气瓶底部，以便把空气排尽。

2. 氧气的检验与验满

（1）排气法

将带火星的木条伸入集气瓶内，若木条复燃，则说明已制备出氧气；将带火星的木条放在集气瓶瓶口，若木条复燃，则说明氧气已集满（图3-4-5）。

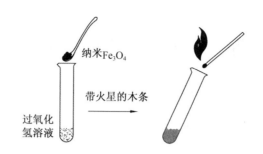

图 3-4-5 氧气集满检验示例：带火星的木条复燃

（2）排水法

当集气瓶瓶口冒气泡时（刚开始排出的是试管中的空气，等气泡连续均匀冒出时，才是纯氧）。

3. 制氧

分别以纳米 Fe_3O_4、铁粉、大颗粒铁锈、辣根过氧化物酶为底物，观察双氧水和15%过氧化氢溶液的氧气产生情况；在产生氧气的实验中加入石灰水后，观察氧气产生量的变化，做好实验记录。

五、思考题

1. 什么物质可以作为过氧化氢制氧气的催化剂？

具有催化功能的纳米材料。

2. 什么可以使带活性的木条复燃？

氧气。

实验五　纳米二氧化钛的制备实验

一、实验目的
1. 了解纳米二氧化钛（TiO_2）制备方法的种类。
2. 掌握制备纳米二氧化钛（TiO_2）的方法。

二、背景知识

目前，制备纳米二氧化钛（TiO_2）的方法很多，基本上可归纳为物理法和化学法。物理法又称为机械粉碎法，对粉碎设备的要求很高；化学法又可分为气相法（化学气相沉积法，CVD）、液相法和固相法。

钛的氧化物——二氧化钛又称钛白，是白色固体或粉末状的两性氧化物，也是最好的白色颜料。其化学式是 TiO_2，相对分子质量是 79.88，相对密度约 4.0，熔点 1830~1850 ℃，沸点 2500~3000 ℃。二氧化钛有三种晶型：金红石为四方晶型；锐钛矿为四方晶型；板钛矿为正交晶型。板钛矿通常在片麻岩和片岩里，一般为板状晶体。板钛矿的物理性质、产出条件和用途都与金红石相似，但不如金红石稳定和常见。二氧化钛在水中的溶解度很低，只溶于氢氟酸和热浓硫酸，与硫酸氢钾或氢氧化物或碳酸盐共同熔融成钛酸盐后可溶于水。二氧化钛可由金红石用酸分解提取，或由四氯化钛分解得到。二氧化钛性质稳定，钛白的黏附力强，不易起化学变化，永远是雪白的，因此大量被用作油漆中的白色颜料。它具有和铅白相似的良好遮盖能力，但不像铅白那样会变黑。特别可贵的是，钛白无毒，又具有锌白一样的持久性。二氧化钛还被用作搪瓷的消光剂，可以产生一种很光亮的、硬而耐酸的搪瓷釉罩面。此外，它的熔点很高，还被用来制造耐火玻璃、釉料、珐琅、陶土以及耐高温的实验器皿等。

以前，人们开采钛矿主要是为了获得二氧化钛。二氧化钛是世界上最白的物质，1 克二氧化钛可以把 450 cm^2 的面积涂得雪白。它比常用的白颜料——锌钡白还要白 5 倍，因此它是调制白油漆的最好原料。世界上用作颜料的二氧化钛，一年的使用量多达几十万吨。二氧化钛可以加在纸中，使纸变白并且不透明，效果比其他物质高 10 倍，因此，钞票纸和美术品用纸都要加二氧化钛。此外，为了使塑料的颜色变浅，使人造丝光泽柔和，有时也要添加二氧化钛。在橡胶工业中，二氧化钛还被用作白色橡胶的填料。纳米级的二氧化钛是目前主要的光催化剂，在工业生产中有着很重要的应用。

金红石型二氧化钛在光的高能部分（较短波长）吸收辐射能较锐钛型大，换句话说，对于金红石型钛白粉，在具有很强杀伤力的 UV-波长段内（350～400 nm），它对紫外线的反射率要远远低于锐钛型钛白粉。在这种情况下，它使周围的成膜物、树脂等分担的紫外光线就要弱得多，那么这些有机物的使用寿命就长，这也是通常所说的金红石型钛白粉的耐候性要比锐钛型钛白粉的耐候性好的原因所在。

三、实验器材

硫酸氧钛、阳离子表面活性剂、实验室常用有机溶剂。

四、实验步骤

利用传统的生产二氧化钛的方法，如硫酸法、盐酸法或氯化法，很难制得粒度 100 nm 以下的超微粒。气相法对技术和材质的要求较高，而液相法是制备超大型微粒较为简便的方法，利用溶胶-凝胶工艺制备纳米二氧化钛，仍是合成工艺中采用的主要方法。用硫酸氧钛制备透明超微粒二氧化钛的反应式如下：

$$TiOSO_4 + 2NH_3 \cdot H_2O \longrightarrow TiO(OH)_2 \downarrow + (NH_4)_2SO_4$$

$$TiO(OH)_2 \longrightarrow TiO_2 + H_2O$$

1. 溶胶制备

向 $TiOSO_4$ 溶液中等比例加入 $NH_3 \cdot H_2O$，得到 $TiO(OH)_2$ 白色沉淀，将沉淀水洗 4～6 次，除去 SO_4^{2-}、Na^+ 等杂质离子。向所得体系中加入一定体积、一定浓度的盐酸溶液，调溶液 pH 至 0 左右（不可大于 1，否则会产生沉淀），然后将反应体系置于 60 ℃以上的水浴环境中放置 40 min，得到透明无色的二氧化钛胶体溶液。

2. 萃取分离

取步骤 1 制得的二氧化钛水溶液，加入阴离子表面活性剂如十二烷基苯磺酸钠（DBS），使溶胶胶粒转化成憎水性凝聚体。然后加入有机溶剂（二氯甲烷），剧烈振荡冲洗，使胶体粒子转入有机相中，与水分离后即得透明有机溶胶。

3. 纯化及热处理

将萃取分离后的有机溶胶在低于有机溶剂沸点的温度下回流除去吸附水，再减压蒸馏除去有机溶剂（替代方法：在将无水硫酸钠干燥后，进一步旋蒸除去有机溶剂），在 200～220 ℃条件下进行热处理，即得无色二氧化钛超微粉末。

五、思考题

1. 还有哪些阳离子表面活性剂？

胺盐、季铵盐和杂环型阳离子表面活性剂。

2. 具体应用的话，是否一定要先将二氧化钛纳米材料制备成粉体？

不一定，要看具体用在哪里。

实验六　纳米二氧化钛使染料褪色实验

一、实验目的
认识纳米二氧化钛的光催化性质。

二、背景知识
二氧化钛粒子在粒径达到纳米尺度时会产生质的改变，变得非常活泼。经紫外光照射后，二氧化钛生成化学性质很活泼的超氧化物阴离子自由基和氢氧自由基，自由基可以攻击有机物（如甲醛、苯等）和微生物（如细菌、病毒等），最终使有机物降解为水和二氧化碳（图3-6-1）。

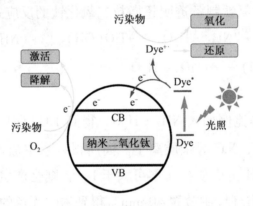

图3-6-1　光催化机理示意图

三、实验器材
纳米TiO_2胶体溶液（1 g/L）、紫外灯、亚甲基蓝试纸或pH试纸或石蕊试纸、护目镜。

四、实验步骤
1. 方案一

（1）取两支试管，分别加入前面实验四的染料溶液1 mL；

（2）一支试管加入5滴纳米TiO_2（浓度为1 g/L）胶体溶液，另一支试管作为对照组加入5滴清水。

（3）将两支试管拿到阳光下照射，或者用紫外灯照射5 min、10 min、15 min。

（4）比较两支试管的颜色变化。

2. 方案二

1. 取两张亚甲基蓝试纸或石蕊试纸（图 3-6-2）。

亚甲基蓝试纸　　　pH试纸　　　红色、蓝色石蕊试纸

图 3-6-2　几种常用 pH 试纸

2. 在其中一张试纸上面滴少量纳米 TiO_2（浓度为 1 g/L）胶体溶液，使其黏附纳米 TiO_2 光催化剂（图 3-6-3）。

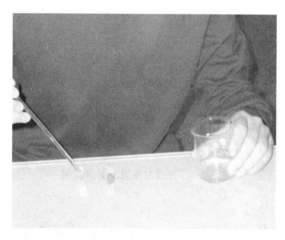

图 3-6-3　在试纸上滴加纳米二氧化钛胶体溶液

3. 将两张试纸同时置于紫外灯下，10 min、20 min、30 min 后比较试纸颜色随时间发生的变化。白天有阳光时，也可将试纸拿到室外曝晒，10 min、20 min、30 min 后比较试纸颜色随时间发生的变化。

五、思考题

如何去除刚装修好房间的异味？

通风、吸附、光催化降解。

实验七 镜子的防雾实验

一、实验目的
1. 认识纳米二氧化钛（TiO_2）的超亲水性。
2. 了解光的漫反射性质。

二、背景知识
纳米二氧化钛具有超亲水的性质，如果能够在镜子表面形成较好的涂膜，在吹气后，水蒸气在镜子表面遇冷而凝结，由于镜子表面是超亲水的，小水滴铺展成膜，不会发生光线的漫反射，因此可以形成清晰的影像。而没有涂层的表面，水蒸气在镜子表面遇冷而凝结，由于镜子表面不是超亲水的，水滴不能铺展形成水膜，而是形成一个个孤立的小水滴，这样就会发生光线的漫反射，也就不能够清晰显示影像，由此造成视觉模糊（图 3-7-1）。

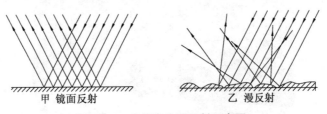

图 3-7-1 光线发生漫反射示意图

三、实验器材
镜子、纳米二氧化钛溶液、刷子、喷壶、抹布、吹风机。

四、实验步骤
1. 用抹布将镜子清洁干净。
2. 用刷子蘸取少许纳米二氧化钛溶液（10 μmol/L），将镜子的一半均匀地刷上溶液，晾干（或用吹风机吹干）。
3. 向镜子吹气，观察镜子上的现象。
4. 改用喷壶向镜子喷水，观察镜子上的现象。

五、思考题
1. 如何使浴室的镜子影像清晰？
涂上超亲水或超疏水涂层。
2. 还能把这种技术用在别的方面吗？
可以用在纺织品、玻璃制造等领域。

实验八　眼镜的防雾实验

一、实验目的
认识氟硅烷的超疏水性。

二、背景知识
冬天或者阴雨天进出温差大的场所，戴眼镜的人都会发现镜片起雾，看不清东西（图3-8-1），而如果在镜片上涂上一层疏水的纳米涂层，眼镜上就不会有雾气了。

防雾材料的主要成分是含有疏水性基团的溶液，其被涂于镜片表面后，可以在镜片表面形成一层疏水层，当水蒸气遇冷落在镜片上凝结成小水滴时，疏水性材料可提高小水滴收缩成球的表面张力，使其不能吸附在浸润镜片表面。

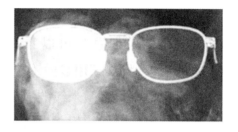

图3-8-1　眼镜镜片（左）起雾影响视线

三、实验器材
简易眼镜、防雾剂喷剂。

四、实验步骤
1. 取出简易制作的眼镜或者是护目镜，用干净的布清洁表面。
2. 将其中一枚镜片对准防雾剂瓶的喷头，将防雾剂均匀喷涂在镜片表面。另一枚镜片作为对比镜片，不喷防雾剂。
3. 待试剂干燥后，用一个烧杯盛一半的水，把眼镜放在加热台上加热至沸腾，观察两块镜片的表面。

五、思考题
1. 如何在冬天进入室内时让眼镜不起雾？

涂上超亲水或超疏水涂层。

2. 可以用纳米二氧化钛做树脂眼镜的防雾剂吗？

不可以，因为二氧化钛在光照下会促进树脂分解。

实验九 玻璃自洁实验

一、实验目的
认识仿生纳米技术。

二、背景知识
自古以来，莲因其出淤泥而不染的纯洁品性而备受人们的喜爱（图3-9-1）。夏日的清晨，人们总是可以看见荷叶的表面有露水，并且是呈接近球形存在的（图3-9-2）。科学家用显微镜放大后发现，莲叶表面除了一层蜡质之外，其实并不平整，而是有很多微米级的周期性凹凸结构。进一步放大后发现，这些凹凸结构由更多的纳米级亚结构构成，这种独特结构使水和污染物不容易黏附在荷叶上面，从而产生自清洁效果。人们从"莲叶效应"中得到启示，发明了纳米自清洁材料。把这种材料涂抹在玻璃或其他物品表面，也会在原来微米级的结构上形成一层纳米级的凹凸结构，水珠流过时会带走不易黏附在表面的污染物（图3-9-3），从而使物体表面具有和莲叶一样的自清洁功能。

图3-9-1 出淤泥而不染的荷花

图3-9-2 带露珠的荷叶

随着楼层越建越高，清洁高楼上的玻璃成为一大难题，因为在高空作业容易发生事故。疏水纳米玻璃自洁涂料采取自组装机制，借助纳米材料独特的疏水自洁性能，与基体玻璃牢固结合，从而实现了多组分在性能上的复合与协同，具有多功能优势，克服了目前玻璃和薄膜材料功能单一的缺点，可用于玻璃制品，比如幕墙玻璃、门窗玻璃、淋浴房玻璃、汽车玻璃、建筑玻璃和家用陶瓷产品。这种纳米涂料本身具有排斥水的荷叶效能，一旦下雨，玻璃表面就能形成水珠并自行滚落，在滚动过程中带走污染物，从而达到玻璃自洁的目的（图3-9-4）。

图 3-9-3 接触角仪拍到的超疏水涂层表面的小液滴

图 3-9-4 荷叶表面的微观结构

三、实验器材

玻璃片、纳米疏水涂层（自清洁剂）、刷子、塑料吸管。

四、实验步骤

1. 取两块相同的未经处理的玻璃片。

2. 将自清洁剂均匀地涂抹在其中一块玻璃的表面。等待几分钟后，将玻璃表面擦拭干净。

3. 用塑料吸管吸取少量水滴到两块玻璃上，观察发生的现象。将其他液体物质（酱油、食用油等）分别滴加到有涂层和无涂层的玻璃上，观察发生的现象。

五、思考题

1. 能否不用人工而使高层建筑的玻璃长期保持清洁？

使用自清洁玻璃可以实现这一目标。

2. 高层建筑的玻璃是做成超亲水的好还是超疏水的好？

超亲水的和超疏水的各有优缺点。

实验十　纳米金胶体的制备实验

一、实验目的
1. 了解金纳米颗粒制备方法的种类。
2. 掌握制备金纳米颗粒的方法。

二、背景知识

胶体金（Au）的概念是，氯金酸（$HAuCl_4$）在还原剂如白磷、抗坏血酸、柠檬酸钠、鞣酸等的作用下，聚合成一定大小的金颗粒，并由于静电作用成为一种稳定的胶体状态，形成带负电的疏水胶溶液，故称胶体金。胶体金在弱碱环境下带负电荷，可与蛋白质分子的正电荷基团牢固结合，由于这种结合是静电结合，所以不影响蛋白质的生物特性（图3-10-1）。胶体金除了可以与

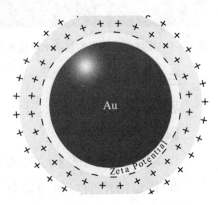

图3-10-1　胶体金示意图

蛋白质结合以外，还可以与其他许多生物大分子（如SPA、PHA、ConA等）结合。根据胶体金的一些物理性状，如电子密度、颗粒大小、形状及颜色反应，加上结合物的免疫学和生物学特性，胶体金被广泛应用于免疫学、组织学、病理学和细胞生物学等领域。胶体金标记，实质上是蛋白质等高分子被静电吸附到胶体金颗粒表面的包被过程。用还原法可以方便地从氯金酸制备不同粒径、不同颜色的胶体金颗粒。这种球形的粒子对蛋白质有很强的吸附功能，可以与葡萄球菌A蛋白、免疫球蛋白、毒素、糖蛋白、酶、抗生素、激素、牛血清白蛋白多肽缀合物等非共价结合，因而在基础研究和临床实验中是非常有用的工具。

三、实验器材

$HAuCl_4 \cdot 4H_2O$、$Na_3C_6H_5O_7 \cdot 2H_2O$（柠檬酸钠）、PVP（聚乙烯吡咯烷酮）溶液、$Na_3C_6H_5O_7$ 或 $NaBH_4$。

JJ-1精密定时电动搅拌器（国华电器有限公司）、加热套、节点温度计。

四、实验步骤

配制浓度为 2.44×10^{-3} mol/L 的 $HAuCl_4 \cdot 4H_2O$ 溶液，浓度为 3.43×10^{-2} mol/L 的 $Na_3C_6H_5O_7 \cdot 2H_2O$ 溶液，浓度为 1.00×10^{-4} mol/L 的 PVP 溶液，以及浓度为 0.391 mol/L 的 $NaBH_4$ 溶液备用。

在烧杯中加入 10 mL 氯金酸溶液，10 mL PVP 溶液（保护剂，可不加），80 mL 三次蒸馏水，将烧杯置于电动搅拌器上，边加热边搅拌（转速设置为 600 rpm），加热至 75 ℃，恒温 2 min，用移液管移取一定体积的还原剂 $Na_3C_6H_5O_7$（或 $NaBH_4$）溶液，迅速一次加入上述混合液中，开始计时，使液体颜色恒定并持续加热一段时间（共 9 min），停止加热，继续搅拌 5 min 后，停止搅拌，冷却至室温，所得液体即为纳米金溶胶（图 3-10-2）。胶体金的性质见表 3-10-1。

图 3-10-2　胶体金实物图

表 3-10-1　胶体金粒径与特性关系表

胶体金粒径/nm	1%柠檬酸钠加入量/mL	颜色	λ_{max}/nm
16	2.00	橙色	518
24.5	1.50	橙红	522
41	1.00	红色	525
71.5	0.70	紫色	535

实验十一 氧化铁粒径的激光粒度仪检测实验

一、实验目的
1. 了解制备的纳米氧化铁颗粒粒径分布情况。
2. 根据粒径分布情况确定改进纳米氧化铁颗粒的制备条件。

二、实验器材
激光粒度仪、自制的纳米氧化铁、蒸馏水、样品池、酒精、超声分散器、一次性注射器。

三、实验步骤
准备样品的步骤如下（图 3-11-1）：

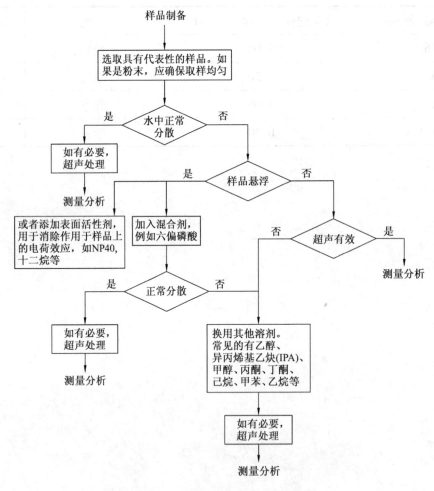

图 3-11-1 样品制备及分析示意图

1. 在 50 mL 的量杯内盛大约 30 mL 的悬浮液（以循环进样器为例）。

2. 用取样勺取适量待测样品投入量杯中。

3. 在量杯内滴入适量的分散剂，用玻璃棒搅拌悬浮液；样品与液体应混合良好，否则要更换悬浮液或分散剂。

4. 将量杯放入超声波清洗机中，让清洗槽内的液面到达量杯总高度的 1/2 左右，打开电源，让其振动 2 min 左右（振动时间可长可短，视具体样品而定；对容易下沉的样品，应一边振动一边用玻璃棒搅拌杯内液体）。

5. 关掉电源，取出量杯。

样品准备完毕。

其他操作参见第一章实验十九"激光粒度仪的使用"。

四、实验预期结果或讨论

软件提供结果分析报告、参数报告、拟合报告、数据报告、筛分报告及统计报告等多种形式，最初的测量是以体积为基准的，某些软件可以将结果转换为除体积分布以外的其他形式，如数量分布。

典型的报告给出了粒度分布曲线 D（0.1）、D（0.5）、D（0.9）等主要数据以及测量时的各种参数条件，但是附件的运作都由附件的键盘控制，因此，用精确的文字记录测量条件是重要的，如超声、泵速的情况等，以便以后的重复测量。

五、参考文献

1. 杨正红. 如何判断和选择激光粒度分析仪［J］. 现代科学仪器，2000（1）.

2. 杨道媛，马成良，孙宏魏，等. 马尔文激光粒度分析仪粒度检测方法及其优化研究［J］. 中国粉体技术，2002（5）.

六、思考题

1. 对于纳米氧化铁来说，水作为分散剂是否是最好的？

这个要根据纳米氧化铁表面的修饰情况来判断。

2. 超声时间是否对测试结果有影响？

有。超声时间不能过长。

3. 取样位置对测试结果是否有影响？

基本无。

4. 纳米氧化铁的磁性对检测结果是否有影响？

如果超声不恰当，会有影响。

实验十二 纳米二氧化钛的激光粒度仪检测实验

一、实验目的
1. 了解制备的纳米二氧化钛颗粒粒径分布情况。
2. 根据粒径分布情况确定改进纳米二氧化钛颗粒的制备条件。

二、实验器材
激光粒度仪，自制的纳米二氧化钛，蒸馏水，样品池，酒精，超声分散器，一次性注射器。

三、实验步骤
样品准备参见第三章实验十一"氧化铁粒径的激光粒度仪检测实验"，其他操作参见第一章实验十九"激光粒度仪的使用"。

四、实验预期结果或讨论
材料煅烧温度对检测结果有什么影响，煅烧时间对检测结果有什么影响，在粒度检测上会有所反映，煅烧温度和煅烧时间可以影响材料的晶型和颗粒形状，这些对粒径的检测结果都会有所影响。

五、思考题
1. 对于纳米二氧化钛来说，水作为分散剂是否是最好的？

这个要根据纳米二氧化钛表面的修饰情况来判断。

2. 超声时间是否对测试结果有影响？

有。超声时间不能过长。

3. 取样位置对测试结果是否有影响？

基本无。

4. 纳米二氧化钛的光催化性能对检测结果是否有影响？

无影响。

实验十三　纳米金的激光粒度仪检测实验

一、实验目的
1. 了解制备的纳米金颗粒粒径分布情况。
2. 根据粒径分布情况确定改进纳米金颗粒的制备条件。

二、实验器材
激光粒度仪，自制的纳米金，蒸馏水，样品池，酒精，超声分散器，一次性注射器。

三、实验步骤
样品准备参见第三章实验十一"氧化铁粒径的激光粒度仪检测实验"，其他操作参见第一章实验十九"激光粒度仪的使用"。

四、实验预期结果或讨论
纳米金有多种形态，如球型、棒状等，这些形态对检测的结果都会有影响，甚至可以让粒径的检测结果差别大得离谱，关键是要结合其他的分析表征手段进行综合判断。

五、思考题
1. 对于纳米金来说，水作为分散剂是否是最好的？

这个要根据纳米金表面的修饰情况来判断。

2. 超声时间是否对测试结果有影响？

有。超声时间不能过长。

3. 取样位置对测试结果是否有影响？

基本无。

4. 纳米金带的电荷对检测结果是否有影响？

无影响。

实验十四 纳米氧化铁形貌的扫描探针显微镜表征实验

一、实验目的
1. 了解制备的纳米氧化铁颗粒粒径分布情况。
2. 根据粒径分布情况确定改进纳米氧化铁颗粒的制备条件。

二、背景知识
1. 扫描探针显微镜（SPM）所具有的独特优点可归纳为以下五条：

（1）原子级高分辨率。如扫描隧道显微镜（STM）平行和垂直于样品表面方向的分辨率分别可达 0.1 nm 和 0.01 nm，可以分辨出单个原子，具有原子级的分辨率。

（2）可实时地得到实空间中表面的三维图像，可用于具有周期性或不具备周期性的表面结构研究。这种可实时观测的性能可用于表面扩散等动态过程的研究。

（3）可以观察单个原子层的局部表面结构，而不是体相或整个表面的平均性质，因而可直接观察到表面缺陷、表面重构、表面吸附体的形态和位置，以及由吸附体引起的表面重构等。

（4）可在真空、大气、常温等不同环境下工作，甚至可将样品浸在水或其他溶液中，不需要特别的制样技术，并且探测过程对样品无损伤。这些特点适用于研究生物样品和在不同试验条件下对样品表面的评价，如对于多相催化机理、超导机制、电化学反应过程中电极表面变化的监测等。

（5）配合扫描隧道谱（Scanning Tunneling Spectroscopy，STS）可以得到有关表面结构的信息，如表面不同层次的态密度、表面电子阱、电荷密度波、表面势垒的变化和能隙结构等。

扫描探针显微镜以其分辨率极高（原子级分辨率）、实时、实空间、原位成像，对样品无特殊要求（不受其导电性、干燥度、形状、硬度、纯度等限制），可在大气、常温环境甚至是溶液中成像，同时具备纳米操纵及加工功能，系统及配套相对简单、廉价等优点，被广泛应用于纳米科技、材料科学、物理、化学和生命科学等领域，并取得了许多重要成果。

扫描探针显微镜的基本原理是：控制探针在被检测样品的表面进行扫描，同时记录下扫描过程中探针尖端和样品表面的相互作用，从而得到样品表面的相关信息。显然，利用这种方法得到的被测样品表面信息的分辨率取决于控制扫描的定位精度和探针作用于尖端的大小（即探针的尖锐度）。

2. 工作模式

原子力显微镜（AFM）可以以两种模式工作：有反馈控制和无反馈控制。如果电子反馈开始工作，可使样品（或针尖）上下运动的定位压电器就开始对检测到的作用的变化做出反应，并改变针尖和样品间的距离，从而根据预定值记下力的大小。这种工作模式被称为恒力模式，通常可以得到相当可靠的图像（因此它还有另外一个名字：恒高模式）。

如果电子反馈不工作的话，那么显微镜将要以恒高或偏转模式运行，当样品非常平坦时，这种模式可以保证获得高分辨率的图像。如果再加上少量的反馈增进，那就最好了，这样可以避免温度起伏（或）由于样品粗糙破坏针尖和/或悬臂等问题的出现。严格地说，这种模式被称为误差信号模式。误差信号模式也可以在电子反馈工作时运行，这样，拓扑图像将滤去微小的变形，而突出了样品图像的边缘。

（1）针尖-样品的相互作用

图像的对比度可以通过多种方式获得，针尖和样品的相互作用主要有三种：接触式、点击模式和非接触模式。

① 接触模式

接触模式是 AFM 工作的最普通模式。正如其名，在扫描中针尖和样品保持近距离的接触，"接触"意味着我们以排斥模式可得到分子作用力曲线（图3-14-1）。X 轴上部的曲线表示排斥区域。保持与样品的接触带来一个缺点，就是当针尖在样品表面"拖"行的时候，存在很大的侧面摩擦力。

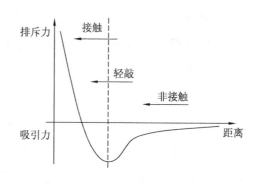

图3-14-1　分子作用力曲线

② 点击模式

点击模式是 AFM 工作的又一普通模式，当需要在大气中或其他气体中工作时，悬臂在达到其共振频率（经常是数百千赫）时会振动，并被置于样品表面，从而使它能在振动期间点击样品的极小一点。同接触模式一样，该模式也需要接触样品，但是接触时间非常短暂，这就意味着针尖在样品表面扫描时侧面摩擦力极大地减少了。当图像很难稳定下来或样品很软时，点击模式是比接触模式好得多的一种选择。

获得图像对比的其他（更为有趣）方式同样对点击模式有效。在恒力模式中，反馈回路开始调整，而悬臂的振动振幅保持不变（近似）。通过这个振幅信号，图像就可以形成了，当然这个振动振幅还有微小的变化，这主要是电子学控制部分不能对样品表面的变化迅速做出反应的缘故。最近，人们对相位图像给予很多关注。它是通过测量在驱动电压所致的悬臂振动和检测到的振动间的相位变化来工作的。据说图像对比会随着样品硬度和黏度的不同而有所变化。

③ 非接触模式

非接触模式是 AFM 工作的另一种模式。悬臂必须在样品表面上部振动，针尖和样品的距离不再属于分子作用力曲线的排斥模式，对于 AFM 而言，这是在一般环境下极难进行的一种工作模式。样品表面存在的一层水雾将在针尖和样品间不断形成一毛细桥，这导致针尖从非接触式转为"接触式"。即使在液体中和真空中，这种转变也是极有可能出现的，而使用点击模式可能更好。一种不同于以往的几何学有可能会被应用到剪应力显微镜上，因此，真正意义上的非接触式模式也是可能的。

（2）提点模式

AFM 的几种技术有赖于从一些信号中滤去拓扑图形信息。磁力显像和电子静位力显像是沿着扫描线先决定拓扑图形，然后针尖再沿着样品表面的等高线，同时与样品保持一预定距离并重新开始扫描。以这种方式，针尖与样品的距离可以不被拓扑图形所影响，图像是利用记录较长的力相互作用而发生的变化得以产生的，诸如磁力。

（3）图像展示

AFM 提供的高度图像数据是三维的，通常表现这些数据的方法是对高度数据提供一有色的映射。举例来说，对色彩的控制条，就是低的地方用黑色，高的地方用白色。

（4）针尖影响

影响 AFM 分辨率最重要的因素之一是探针的尖度。AFM 的发明者最初使用的针尖是在几张铝箔上粘上钻石制成的，如今使用的是制造成本较低的探针，最好的针尖的曲率半径可能只有 5 nm。对针尖的需求通常是"针尖打卷"引起的，这种说法经常使用（虽然不十分精确），以表示针尖对样品图像的许多影响。主要的影响如下：增宽、压缩、相互作用以及纵横比。当针尖的曲率半径与样品相当或者较大时，针尖的增宽作用就会增大。当针尖在样品表面扫描时，当针尖的几面将要和样品接触时，当针尖与样品的顶部接触时，显微镜就开始对高低做出反应，这就是我们说针尖会打卷的原因。

当针尖在样品上时压缩就会产生，很难说明这种影响有多大，但是对一些软的生物分子（如DNA）的研究表明，DNA分子的明显变宽就是因为针尖作用力的存在。虽然针尖和样品间的作用力只有几纳牛顿，压强却有数兆帕。针尖和样品间的作用力是AFM图像对比的原因。当然，被认为是决定拓扑图形的一些变化可能取决于作用力的变化。由于针尖的化学特性，作用力可能是最为重要的；由于材料的问题，特殊针尖的选择同样非常重要。化学表面样品需要特殊处理的针尖，这是如今SPM领域研究中的另一个重要课题。

当样品具有陡峭的表面时，特殊针尖的纵横比（或圆锥角）是至关重要的。电子束沉淀针尖已经用于扫描表面陡峭的样品，这比金字塔型的针尖更好，在酶对淀粉颗粒进行降解的AFM实验中这种性能得以明显展现。

三、实验器材

扫描探针显微镜、探针、自制的纳米氧化铁。

四、实验步骤

AFM技术可以应用在大气、高真空、液体等环境中检测导体、半导体、绝缘体样品和生物样品的形貌、尺寸，以及材料的力学性能等特性，使用的范围很广。AFM的样品制备简单，一般要求如下：

纳米粉体材料应尽量以单层或亚单层形式分散并固定在基片上，应该注意以下三点：

1. 选择合适的溶剂和分散剂将粉体材料制成稀溶液，必要时采用超声分散以减少纳米粒子的团聚，使其均匀地分布在基片上。

2. 根据纳米粒子的亲水、疏水特性以及表面化学特性等选择合适的基片。常用的有云母、高序热解石墨（HOPG）、单晶硅片、玻璃、石英等。如果要详细地研究粉体材料的尺寸、形状等性质，则应尽量选择表面原子级平整的云母、HOPG等作为基片。

3. 尽量使样品牢固地固定到基片上，必要时可采用化学键合、化学特定吸附或静电相互作用等方法。如金纳米粒子，采用双硫醇分子作为连接层可以将其固定到镀金基片上。在350 ℃时烧结也可以把金纳米粒子有效地固定在半导体材料表面。生物样品也需要固定到基片上，原则与粉体材料基本相同，只是大多数时候都需要保持生物样品的活性，所以大多在溶液中进行，如成像、测定力曲线以及研究其构型、构象转变等特性，所以应该选择合适的方法，在比较牢固固定生物样品的同时仍保持其生物活性。

纳米薄膜材料，如金属、金属氧化物薄膜、高聚物薄膜、有机-无机复合薄膜、自组装单分子膜等一般都有基片支持，可以直接用于 AFM 研究。

纳米材料的形貌研究

AFM 除了可以用来表征导体、半导体的形貌以外，还可以直接用于绝缘体样品研究，现在已经获得了许多材料的原子级分辨图像。除了观察样品表面的原子分辨图像以外，近年来 AFM 技术对纳米材料的表征和研究也越来越普遍，其中纳米颗粒、纳米薄膜、纳米管是目前研究得最多的几类材料。

AFM 对层状材料、离子晶体、有机分子膜等材料的成像可以达到原子级的分辨率，人们已经获得了云母、石墨、LiF 晶体、PbS 晶体以及有机分子 LB 膜等材料的原子或分子分辨图像。但是由于原子尺度上的反差机理还难以解决，所以原子分辨图像的获得很困难。

其他操作参见第一章实验二十四"扫描探针显微镜的使用"。

五、实验预期结果或讨论

扫描探针显微镜扫描的范围有些只能看到材料的一些局部特征，如果要计算平均粒径，还需要扫描大量的样本，至少需要 500 张照片，进行统计平均。方便的话，可以结合多种分析方法，以减少工作量。

六、思考题

1. 对于纳米氧化铁来说，用扫描探针显微镜的原子力模式表征是否为最合适？

与扫描电镜、透射电镜等表征方式比较，原子力表征最为合适，因为磁性的四氧化三铁不会影响针尖，不会影响成像效果。

2. 激光粒度仪的检测结果与扫描探针显微镜表征的结果有何差异？为什么？

激光粒度仪测定的是统计学平均粒径，影响因素很多；扫描探针是通过局部影像测定，有可能以偏概全。

3. 扫描探针显微镜的原子力模式、取样位置对测试结果是否有影响？

有影响。

4. 纳米氧化铁的磁性对检测结果是否有影响？

无影响。

实验十五　纳米二氧化钛形貌的扫描探针显微镜表征实验

一、实验目的
1. 了解制备的纳米二氧化钛颗粒粒径分布情况。
2. 根据粒径分布情况确定改进纳米二氧化钛颗粒的制备条件。

二、实验器材
扫描探针显微镜、探针、自制的纳米二氧化钛。

三、实验步骤
制样参见第三章实验十四"纳米氧化铁形貌的扫描探针显微镜表征实验",其他参见第一章实验二十四"扫描探针显微镜的使用"。

四、实验预期结果或讨论
制样的好坏,对检测结果非常重要,如果分散得不好,会出现团聚像,影响检测的结果。检测前应先清洗硅片或者检查硅片表面,确定表面是干净的,不然对检测结果会有较大影响。

五、思考题
1. 对于纳米二氧化钛来说,用扫描探针显微镜的原子力模式表征是否为最好?
相对较好,因为纳米二氧化钛有不同形貌,比较直观。
2. 激光粒度仪的检测结果与扫描探针显微镜表征的结果有何差异?为什么?
激光粒度仪测定的是统计学平均粒径,影响因素很多;扫描探针是通过局部影像测定,有可能以偏概全。
3. 扫描探针显微镜的原子力模式、取样位置对测试结果是否有影响?
有影响。
4. 纳米二氧化钛的光催化性能对检测结果是否有影响?
没有影响。

实验十六　纳米金形貌的扫描探针显微镜表征实验

一、实验目的

1. 了解制备的纳米金颗粒粒径分布情况。
2. 根据粒径分布情况确定改进纳米金颗粒的制备条件。

二、实验器材

扫描探针显微镜，探针，自制的纳米金。

三、实验步骤

制样参见第三章实验十四"纳米氧化铁形貌的扫描探针显微镜表征实验"，其他参见第一章实验二十四"扫描探针显微镜的使用"。

四、实验预期结果或讨论

原子力显微镜的表征比较直观，可以看到颗粒的表面形状，可以与激光粒度仪检测的结果相互印证，棒状的金颗粒激光粒度仪的检测结果会很大，原子力显微镜表征的结果可以帮助了解长径比信息。

五、思考题

1. 对于纳米金来说，用扫描探针显微镜的原子力模式表征是否为最好？

相对较好，因为纳米金有不同形貌，比较直观。

2. 激光粒度仪的检测结果与扫描探针显微镜表征的结果有何差异？为什么？

激光粒度仪测定的是统计学平均粒径，影响因素很多；扫描探针是通过局部影像测定，有可能以偏概全。

3. 扫描探针显微镜的原子力模式、取样位置对测试结果是否有影响？

有影响。

4. 纳米金的导电性对检测结果是否有影响？

无影响。

实验十七　自洁玻璃的浸润性研究

一、实验目的

1. 了解自洁玻璃的浸润性。
2. 研究自洁玻璃的表面结构与浸润性的关系。

二、实验器材

接触角测量仪，自洁玻璃。

三、实验步骤

参见第一章实验二十五"接触角测量仪的使用"。

四、实验预期结果或讨论

自洁玻璃涂覆的均匀性会对结果有一定影响，在不同部位测量，可以检验涂覆的效果。根据测量的结果，可以反过来调整涂覆的工艺。

五、思考题

1. 对于自洁玻璃来说，浸润性与扫描探针显微镜表征的结构有关吗？

有关。

2. 接触角测量仪加样位置对测试结果是否有影响？

可能有影响。

实验十八　纳米氧化铁去除水中罗丹明 B 的效果实验

一、实验目的
1. 利用纳米氧化铁比表面积大的特点，吸附水中染料罗丹明 B。
2. 定量研究纳米氧化铁去除水中罗丹明 B 的效果。

二、实验器材
紫外可见分光光度计，样品池，罗丹明 B，蒸馏水，电子分析天平，容量瓶，钥匙，玻璃棒，移液管或者移液器，自制的纳米氧化铁，磁铁。

三、实验步骤
1. 罗丹明 B 标准样品的配制

（1）用电子分析天平称量 0.2 g 罗丹明，加入 100 mL 容量瓶中。

（2）加水 95 mL 水进行溶解。

（3）用滴管加水，至 100 mL 定容，即得质量浓度为 0.2% 的罗丹明溶液。

（4）用移液管取 10 mL 质量浓度为 0.2% 的罗丹明溶液，稀释成质量浓度为 0.1% 的罗丹明溶液。

（5）用移液管取 10 mL 质量浓度为 0.2% 的罗丹明溶液，稀释成质量浓度为 0.04% 的罗丹明溶液。

（6）用移液管取 10 mL 质量浓度为 0.2% 的罗丹明溶液，稀释成质量浓度为 0.02% 的罗丹明溶液。

（7）用移液管取 10 mL 质量浓度为 0.2% 的罗丹明溶液，稀释成质量浓度为 0.01% 的罗丹明溶液。

2. 绘制罗丹明吸光度的标准曲线

分别取质量浓度为 0.2%、0.1%、0.04%、0.02%、0.01% 的罗丹明溶液，用分光光度计在 $\lambda = 550$ nm 处测定吸光度，绘制浓度和吸光度的标准曲线。

参见第一章实验二十六"紫外/可见分光光度计的使用"。

3. 纳米氧化铁去除水中罗丹明的效果实验

（1）用量筒量取质量浓度为 0.2%、0.1%、0.04%、0.02%、0.01% 的罗丹明溶液 10 mL 分别置入不同的试管中，按顺序贴上标签。

（2）加入纳米氧化铁后，用力振荡使混合均匀。

（3）在试管下方放置磁铁，待水中氧化铁吸附在底部后，取上清液。

（4）测定上清液的吸光度，计算吸附后水中罗丹明的浓度和去除效率。

四、实验预期结果或讨论

吸附的时间长短对测定结果的影响，pH 对测定结果的影响，纳米氧化铁加入剂量对测定结果的影响，温度对测定结果的影响，纳米氧化铁煅烧温度对测定结果的影响，这些都可以作为深入实验探究的内容。二氧化钛吸收光范围为大于 387 nm，而这是在紫外光区。如果用可见光（<400 nm）降解只能利用其约 4%，所以一般情况下都会对二氧化钛改性，使其吸收范围向可见光移动，以便更好地利用可见光。

五、思考题

1. 水中罗丹明 B 的浓度与吸光度有什么关系？

符合朗伯比尔定律。

2. 纳米氧化铁对测试结果是否有影响？

无影响，因为磁性铁被从溶液中磁吸分离出去了。

实验十九　纳米二氧化钛去除水中甲基橙的效果实验

一、实验目的
1. 利用纳米二氧化钛光催化的特性，降解水中染料甲基橙。
2. 定量研究纳米二氧化钛去除水中甲基橙的效果。

二、实验器材
紫外可见分光光度计，样品池，甲基橙，蒸馏水，电子分析天平，容量瓶，钥匙，玻璃棒，移液管或者移液器，自制的纳米二氧化钛。

三、实验步骤
1. 甲基橙标准样品的配制

（1）用电子分析天平称量 0.2 g 甲基橙，加入 100 mL 容量瓶中。

（2）加 95 mL 水进行溶解。

（3）用滴管加水，至 100 mL 定容，即得质量浓度为 0.2% 的甲基橙溶液。

（4）用移液管取 10 mL 质量浓度为 0.2% 的甲基橙溶液，稀释成质量浓度为 0.1% 的甲基橙溶液。

（5）用移液管取 10 mL 质量浓度为 0.2% 的甲基橙溶液，稀释成质量浓度为 0.04% 的甲基橙溶液。

（6）用移液管取 10 mL 质量浓度为 0.2% 的甲基橙溶液，稀释成质量浓度为 0.02% 的甲基橙溶液。

（7）用移液管取 10 mL 质量浓度为 0.2% 的甲基橙溶液，稀释成质量浓度为 0.01% 的甲基橙溶液。

2. 绘制甲基橙吸光度的标准曲线

分别取质量浓度为 0.2%、0.1%、0.04%、0.02%、0.01% 的甲基橙溶液，可以考虑用分光光度计在 $\lambda = 464$ nm 处测定吸光度，绘制浓度和吸光度的标准曲线。

参见第一章实验二十六"紫外/可见分光光度计的使用"。

3. 纳米二氧化钛去除水中甲基橙的效果实验

用量筒量取质量浓度为 0.2%、0.1%、0.04%、0.02%、0.01% 的甲基橙溶液 10 mL 分别置入不同的光反应器中，

（1）在磁力搅拌下分别加入 0.1 g 自制的纳米二氧化钛。

（2）待黑暗条件下吸附平衡后，在40 W高压汞灯照射下进行反应，光源距样品10 cm。

（3）照射5 min后，用分光光度计在 $\lambda = 464$ nm处测定吸光度，计算光照后水中甲基橙的浓度和去除效率。

四、实验预期结果或讨论

光照的时间长短对测定结果的影响，反应体系的pH对测定结果的影响，纳米二氧化钛加入剂量对测定结果的影响，温度对测定结果的影响，纳米二氧化钛煅烧温度对测定结果的影响，这些都可以作为深入实验探究的内容。

五、思考题

1. 水中甲基橙的浓度与吸光度有什么关系？

符合朗伯比尔定律。

2. 纳米二氧化钛对测试结果是否有影响？

可能存在一定影响。

实验二十　纳米二氧化硅的制备

一、实验目的
1. 了解二氧化硅纳米粒子的形成原理。
2. 制备不同尺寸的二氧化硅纳米粒子。
3. 对二氧化硅纳米粒子进行尺寸、形貌等物理化学性质表征。

二、实验器材
原子力显微镜，激光粒度分析仪，紫外可见分光光度计，红外光谱分析仪，样品池，晶体溴化钾，机械搅拌器，三口或两口烧瓶，移液枪，移液器，玻璃棒，移液管或者移液器，正硅酸乙酯，氨水，去离子水。

三、实验步骤

1. 实验装置

将烧瓶安装在机械搅拌装置上，调整好高度和位置。

2. 物料加入

向圆底烧瓶中加入 50 mL 乙醇、1 mL 水，搅拌均匀后，向其中加入氨水 2 mL。快速搅拌下，向该体系中加入正硅酸乙酯 2 mL，搅拌均匀后，将搅拌速度调慢，缓慢搅拌 3 h 后向其中递加 1 mL 正硅酸乙酯，继续反应 3 h 后，停止反应。

3. 纳米材料纯化

将反应液取出，12000 rpm 离心，时间为 15 min，然后将上清液取出，向沉淀加入去离子水超声分散，获得纳米粒子的水分散液。该物质被用于激光粒度分析仪、原子力显微镜等表征。

4. 纳米材料表征

将纳米粒子水溶液稀释 20 倍，进行激光粒度分析仪表征；将纳米粒子水溶液稀释 100 倍后，取 3～5 μL 滴加在硅片或云母片上，干燥后进行原子力显微镜表征；将纳米粒子水溶液稀释 10～80 倍后，用于紫外可见吸收光谱表征；将纳米粒子沉淀干燥后，用于红外光谱表征。

5. 不同尺寸二氧化硅纳米粒子的制备

将物料中氨水的体积分别变为 1.6 mL、2.3 mL、2.7 mL 等，按照以上步骤进行操作，即可制备得到 40 nm、60 nm、80 nm 的二氧化硅纳米粒子。

四、实验预期结果或讨论

装置安装和搅拌对二氧化硅纳米粒子尺寸和多分散性的影响，氨水对二氧化硅纳米粒子尺寸的影响，水对二氧化硅纳米粒子尺寸的影响，正硅酸乙酯的量对二氧化硅纳米粒子尺寸的影响，这些都可以作为探索实验研究的内容。

五、思考题

1. 在纳米二氧化硅的制备过程中，氨水的作用是什么？

提供氢氧根，形成硅酸，形貌催化剂。

2. 纳米二氧化硅的紫外吸收来自哪里？

正硅酸乙酯修饰，颗粒散射。

3. 二氧化硅纳米粒子的形成机理是什么？

成核期、生长期，通过调节两者可调控颗粒尺寸。

实验二十一　四氧化三铁/二氧化硅核壳复合纳米粒子的制备

一、实验目的
1. 学习四氧化三铁/二氧化硅核壳复合纳米粒子的制备。
2. 了解四氧化三铁/二氧化硅核壳复合纳米粒子的表征。

二、实验器材
原子力显微镜，激光粒度分析仪，紫外可见分光光度计，红外光谱分析仪，样品池，晶体溴化钾，机械搅拌器，三口或两口烧瓶，移液枪，移液器，玻璃棒，移液管或者移液器，碳支持膜，正硅酸乙酯，氨水（28%），去离子水，七水合硫酸亚铁，六水合三氯化铁。

三、实验步骤

1. 四氧化三铁纳米粒子的制备

取 15 mL 去氧的二次水于通氮气的三口瓶或两口瓶内，在机械搅拌下加入用 5 mL 二次水溶解过的 0.203 g 六水合三氯化铁，0.148 g 的七水合硫酸亚铁混合溶液，加入 2 mL 浓氨水，在氮气的保护下继续搅拌 30 min～1 h，反应完成后用强磁铁吸附分离，用二次水多次洗涤至中性，加水定容到 50 mL 备用（可用于物理化学性质表征和核壳复合粒子的制备）。

2. 四氧化三铁/二氧化硅核壳纳米粒子的制备

向三口瓶内加入 50 mL 乙醇、50 μL 上述四氧化三铁溶液、1 mL 去离子水，搅拌均匀后向其中滴加正硅酸乙酯 1 mL 反应 0.5 h 后，加入氨水 1 mL，继续搅拌 12 h 后停止反应。永磁体分离水洗样品多次，再用去离子水分散，备用于物理化学性质表征，如紫外可见吸收光谱、红外光谱、透射电子显微镜、原子力显微镜、激光粒度仪、磁性测量等表征。

四、实验预期结果或讨论
氨水量、反应物浓度对四氧化三铁生成的影响，四氧化三铁种子数量对核壳结构复合纳米材料的影响，氨水加入时间对复合纳米材料的影响，样品制备过程对结果表征的影响等，这些都可以作为深入实验探究的内容。

五、思考题
1. 二氧化硅为何会在四氧化三铁纳米粒子表面生长形成核壳结构复合纳米粒子？
吸附作用使然。
2. 核壳纳米粒子与掺杂复合纳米粒子有何区别？
核壳是单核掺杂。

实验二十二　双乳法制备 PEG-PLGA 纳米颗粒实验

一、实验目的
1. 利用双乳法制备 PEG-PLGA 纳米颗粒。
2. 了解自组装制备纳米颗粒的方法。

二、实验器材
激光粒度仪，旋转蒸发仪，二氯甲烷，PEG-PLGA，细胞破碎仪，PVA（聚乙烯醇），Pluronic F68，去离子水，电子分析天平，样品管。

三、实验步骤
1. 配制 10 mg/mL PEG-PLGA 二氯甲烷溶液，取 1 mL 置于 4 mL 离心管中，取 200 μL 去离子水加入其中。

2. 振荡混匀后在细胞粉碎仪中超声，功率设为 8%，2 s on，1 s off，时间为 3 min，形成初乳。

3. 形成初乳后，取 2% 的 PVA 溶液 1 mL、2% 的 F68 溶液 1 mL，加入上述初乳中，振荡摇匀后在细胞粉碎仪中超声，功率设为 18%，2 s on，1 s off，时间为 5 min，形成复乳。

4. 得到复乳后，将其转移到干净的烧瓶中，旋蒸除去二氯甲烷。最后将得到的溶液离心去上清备用。

5. 将样品进行物理化学性质表征，如原子力显微镜、紫外可见吸收光谱等。

四、实验预期结果或讨论
温度对纳米自组装颗粒的影响，物料比例对产物纳米粒子的影响，是否可以包载药物等，这些都可以作为深入实验探究的内容。

五、思考题
1. 为何能够形成自组装纳米颗粒？

超分子作用的存在和热力学理论。

2. 在制备过程中，如果加入其它组分会有什么效果？

有多种可能，多会形成掺杂复合自组装微粒。

实验二十三 15/50/100 nm 金颗粒及金棒的制备

一、实验目的

1. 学习用晶种法制备不同粒径的纳米金。
2. 学习定量研究不同尺寸纳米金的形貌。

二、实验器材

紫外可见分光光度计,磁力搅拌装置,三口烧瓶,搅拌子,移液枪,电子天平,样品池,柠檬酸钠,氯金酸,硫普罗宁。

三、实验步骤

1. 合成 15 nm 的金种子

(1) 配制 1% 柠檬酸钠水溶液 (0.5 g/50 mL)。

(2) 量取 192 mL 三次水于 250 mL 三口烧瓶中,加热,加入 2.4 mL 1% $HAuCl_4$,煮沸后将转速调至最大,注入 6 mL(快速)1% 柠檬酸钠水溶热,搅拌 30 min 后降温。

2. 合成 50 nm 金颗粒

(1) 11.25 mL Au NPs(15 nm) + 12.20 mL 10 mmol/L $HAuCl_4$ + 76.55 mL H_2O = 100 mL。

(2) 用蠕动泵将 50 mL 0.1% AA (50 mg/50 mL) 加入 (1) 中,转速控制在 100 rpm。

(3) 称取 200 mg 硫普罗宁 (Tiopronin) 粉末,加入 2 mL 水中溶解,缓慢滴入,避光搅拌 24 h。

(4) 离心,洗 2 次,浓缩 10 倍后,ICP(电感耦合等离子光谱)定量。

3. 合成 100 nm 金颗粒

(1) 1.2 mL 15 nm Au NPs + 12.45 mL $HAuCl_4$ + 86.75 mL H_2O = 100 mL。

(2) 准备好 0.1% AA 50 mL (50 mg/50 mL) 用蠕动泵加入 (1) 中,转速控制在 10 rpm

(3) 称取 200 mg 硫普罗宁 (Tiopronin) 粉末,加入 2 mL 水中溶解,缓慢滴入,避光搅拌 24 h。

(4) 离心,洗 2 次,浓缩 10 倍后,ICP 定量。

四、实验预期结果或讨论

物料比例对产物金颗粒的影响，反应温度对金颗粒尺寸和紫外吸收的影响等都可以作为深入实验探究的内容。

五、思考题

1. 柠檬酸钠和硫普洛宁在金纳米粒子合成过程中的作用是什么？

作为还原剂和稳定剂。

2. 柠檬酸钠反应体系是否可以制备出 50 nm 和 100 nm 的金颗粒？

不可以。

3. 金颗粒紫外吸收光谱的影响因素有哪些？

颗粒的尺寸、颗粒的表面修饰、颗粒间的距离、颗粒的聚集状态。

实验二十四 球磨法制备纳米粒子实验

一、实验目的
物理方法制备纳米粒子。

二、实验器材
紫外可见分光光度计，样品池，凹凸棒土，德科行星式球磨机，winner1001 激光粒度分析仪，电子天平。

三、实验步骤
1. 称量 25 g 凹凸棒土，分别加入球磨罐容器中，向其中加入尺寸大的研磨球，设置研磨转速为 800 rpm 进行研磨，时间为 30 min。

2. 改变实验条件，包括改变凹凸棒土质量、研磨球改为尺寸小的、改变研磨时间、改变研磨速度等，制备多种实验条件下的凹凸棒土。

3. 改变实验条件，包括改变凹凸棒土质量、研磨球改为尺寸大的和小的混合的、改变研磨时间、改变研磨速度等，制备多种实验条件下的凹凸棒土。

4. 系列表征研磨前和不同研磨条件下制备出的凹凸棒土的尺寸和形貌。

四、实验预期结果或讨论
10 g 凹凸棒土全球研磨，1000 rpm 下研磨 30 min，可使 2 μm 凹凸棒土尺寸降为 60 nm 左右。研磨条件的系统调整可以作为深入实验探究的内容。

五、思考题
1. 研磨前后的凹凸棒土在哪些物理化学性质和功能上会有变化？

在粒径、比表面积、吸附能力等方面会有变化。

实验二十五　玻璃隔热效果实验

一、实验目的

1. 了解 low-E 玻璃的概念。
2. 了解 low-E 玻璃的隔热原理。
3. 掌握 low-E 玻璃的温度测试。

二、背景知识

随着审美观点的发展，人们对建筑的美观也提出了越来越高的要求，玻璃作为建筑物的重要装饰材料，在建筑行业中的使用量不断增大。然而，建筑物修建得越来越高，建筑的能耗也越来越高；同时，随着环保意识的提高，人们对建筑节能也提出了越来越高的要求。

外门窗玻璃的热损失是建筑物能耗的主要部分，占建筑物能耗的 50% 以上。这就要求人们在选择建筑物的玻璃门窗时，除了考虑其美学和外观特征外，还要注意其热量控制、制冷成本和内部阳光投射舒适平衡等问题（图 3-25-1）。

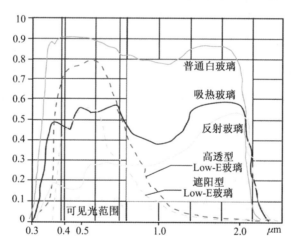

图 3-25-1　各种类型玻璃吸收光谱图

太阳辐射能量的 97% 集中在 0.3～2.5 μm 波长范围内，这部分能量来自室外；100 ℃ 以下物体的辐射能量集中在 2.5 μm 以上的长波段，这部分能量主要来自室内。太阳光中的短波透过窗玻璃后照射到室内的物品上，这些物品被加热后，将以长波的形式再次辐射能量（图 3-25-2）。

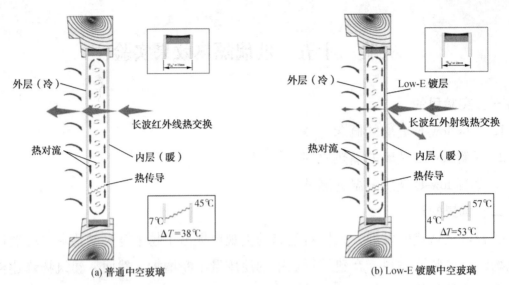

图 3-25-2　Low-E 玻璃工作原理示意图

有关研究资料表明，玻璃内表面的传热以辐射为主，占58%，这意味着要通过改变玻璃的性能来减少热能的损失，最有效的方法是抑制其内表面的辐射。3 mm 厚的普通透明玻璃对太阳辐射能具有87%的透过率，白天来自室外的辐射能量可大部分透过；但夜晚或阴雨天气，来自室内物体热辐射能量的89%被其吸收，使玻璃温度升高，然后再通过向室内外辐射和对流交换散发其热量，故无法有效地阻挡室内热量泄向室外。但是当普通浮法玻璃被镀上一层以银为基质的低辐射薄膜或者涂覆纳米氧化铟锡等透明隔热涂层后，其辐射率可降至0.1以下，能实现良好的绝热性能。这就使得镀膜玻璃家族中的新贵——Low-E（译称"娄义"）玻璃脱颖而出，成为人们关注的焦点。

三、实验器材

两块普通白玻璃，纳米隔热涂层材料或透明隔热玻璃贴膜，或者一块普通白玻璃、一块已经做好镀层的低辐射玻璃，薄膜隔热效果测试仪，干净的布，刷子，胶水。

四、实验步骤

1. 方案一

（1）先将玻璃表面用干净的布擦干净。

（2）裁剪一块跟玻璃同样大小的透明隔热贴膜。

（3）剪裁两小段透明胶带。

（4）在透明隔热贴膜的两面分别粘上透明胶带。

（5）将透明隔热贴膜与保护膜分开。

（6）将分开的透明隔热贴膜贴到玻璃上。

（7）更换薄膜隔热效果测试仪上的玻璃。

（8）打开薄膜隔热效果测试仪的开关。

（9）10 min 后，观察两个温度计的读数，并记录时间-温度数据（表 3-25-1）。

表 3-25-1　实验数据记录表

时间	实　验　组	对　照　组
10 min		
20 min		
30 min		

（10）20 min 后，观察两个温度计的读数，并记录时间-温度数据。

（11）30 min 后，观察两个温度计的读数，并记录时间-温度数据。

（12）关闭薄膜隔热效果测试仪，10 min 后，观察两个温度计的读数，并记录时间-温度数据。

（13）20 min 后，观察两个温度计的读数，并记录时间-温度数据。

（14）30 min 后，观察两个温度计的读数，并记录时间-温度数据。

2. 方案二

（1）先将玻璃表面用干净的布擦干净。

（2）用刷子在一块玻璃的一面均匀地涂覆纳米隔热涂层材料，等待表面干燥。

（3）更换薄膜隔热效果测试仪上的玻璃。

（4）打开薄膜隔热效果测试仪的开关。

（5）10 min 后，观察两个温度计的读数，并记录时间-温度数据（表 3-25-1）。

（6）20 min 后，观察两个温度计的读数，并记录时间-温度数据。

（7）30 min 后，观察两个温度计的读数，并记录时间-温度数据。

（8）关闭薄膜隔热效果测试仪，10 min 后，观察两个温度计的读数，并记录时间-温度数据。

（9）20 min 后，观察两个温度计的读数，并记录时间-温度数据。

（10）30 min 后，观察两个温度计的读数，并记录时间-温度数据。

五、思考题

1. 玻璃如何节能呢？

贴膜、镀膜、涂膜有助于节能。

2. 要实现玻璃节能有几种方法？

有三种方法，即贴膜、镀膜、涂膜。

第四章　纳米艺术实验

实验一　石墨烯模型的搭建

一、实验目的

1. 掌握石墨烯的结构。
2. 学习利用球棍搭建石墨烯模型。

二、实验器材

60个在赤道平面上每120°有一个孔的黑色小球，60个白色小棍。

三、实验步骤

1. 选取3个孔在一个平面上代表碳原子的黑色模型小球，分别插上3个代表化学键的白色小棍。

2. 在白色小棍的另一端分别插上1个黑色模型小球。

3. 在120°角处插上代表化学键的白色小棍；在另一端插上代表碳原子的黑色模型小球。

4. 在120°角处插上代表化学键的白色小棍。

5. 在另一端插上代表碳原子的黑色模型小球。

6. 在120°角处插上代表化学键的白色小棍。

7. 在另一端插上代表碳原子的黑色模型小球。

8. 在120°角处插上代表化学键的白色小棍。

9. 在另一端插上第一个代表碳原子的黑色模型小球，形成一个封闭的正六边形。

10. 然后以此类推，延展出更多封闭的正六边形，形成蜂巢结构。

四、思考题

1. 石墨烯中碳原子之间的夹角是多少？
120°。

2. 石墨烯中碳原子是在一个平面上吗？
是。

实验二　富勒烯模型的搭建

一、实验目的
1. 掌握富勒烯的结构。
2. 学习利用球棍搭建富勒烯模型。

二、实验器材
60 个在略低于赤道平面上每 120°有一个孔的黑色小球，60 个白色小棍。

三、实验步骤
1. 选取 3 个孔略低于平面上代表碳原子的黑色模型小球，分别插上 3 个代表化学键的白色小棍。

2. 在白色小棍的另一端分别插上 3 个黑色模型小球。

3. 在 114°角处插上代表化学键的白色小棍。

4. 在另一端插上代表碳原子的黑色模型小球。

5. 在 114°角处插上代表化学键的白色小棍。

6. 在另一端插上代表碳原子的黑色模型小球。

7. 在 114°角处插上代表化学键的白色小棍。

8. 在另一端插上代表碳原子的黑色模型小球。

9. 在 114°角处插上代表化学键的白色小棍。

10. 在另一端插上第一个代表碳原子的黑色模型小球，形成一个封闭的略微变形六边形。

要点：五边形互不重合边，中间有个键相连；六边形两两相挨，一条边重合；每隔一条边外接 1 个五边形，第一个六边形共外接 3 个五边形。

四、思考题
1. 最小的富勒烯是多少个碳原子？
20。
2. 富勒烯中碳原子之间的键角有几种？
2 种。
3. 挑战碳原子最少的富勒烯结构搭建模型是怎样的？
如图 4-2-1。

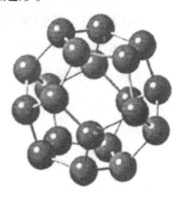

图 4-2-1　C_{20} 分子结构模型

实验三 碳纳米管模型的搭建

一、实验目的
1. 掌握碳纳米管的结构。
2. 利用球棍搭建碳纳米管模型。

二、实验器材
60 个在略低于赤道平面上每 120°有一个孔的黑色小球，60 个白色小棍。

三、实验步骤
1. 选取 3 个孔略低于平面上代表碳原子的黑色模型小球，分别插上 3 个代表化学键的白色小棍。

2. 在白色小棍的另一端分别插上 3 个黑色模型小球。

3. 在约 114°角处插上代表化学键的白色小棍。

4. 在另一端插上代表碳原子的黑色模型小球。

5. 在约 114°角处插上代表化学键的白色小棍。

6. 在另一端插上代表碳原子的黑色模型小球。

7. 在约 114°角处插上代表化学键的白色小棍，将小棍的另一端插入第一个黑色模型小球，形成一个变形的五边形。

要点：五边形起始，外延一圈五边形，形成封闭的碳管头，然后接六边形，可以根据需要确定六边形的多少，然后接一圈五边形，最后一个五边形收口。也可以做两个一端封闭的，然后把二者接起来。

四、思考题
1. 碳纳米管结构与富勒烯有何区别与联系？

结构相似，碳纳米管有长径比。

2. 碳纳米管中碳原子之间有几种键角？

1 种。存在缺陷时主要有 3 种。

实验四 石墨烯的 3D 打印实验

一、实验目的
1. 了解 3D 打印的原理。
2. 了解纳米材料 3D 打印的模型建立。
3. 掌握 3D 打印的操作。

二、基本原理
3D 打印技术萌芽于 20 世纪末期，发展于 21 世纪初，这是一种以数字模型文件为基础，运用粉末金属或塑料等可黏合材料，通过逐层打印来构造物体的技术。

其基本原理是这样的：利用 3D 建模软件生成 STL 或 STP 模型文件（它们是 3D 打印机的标准三角语言）。3D 成型机通过读取，解析接收的 STL 文件，构建出由一系列三角形组成的网状的 3D 模型，然后输出指令，进行打印，制成实物模型，有人把这种技术称为"增材制造"。

三、实验器材
3D 打印机。

四、实验步骤
1. 打印平台的调整

（1）粗调

① 液晶屏选择"准备"，然后看到"机器归零"选项，点击"机器归零"，打印平台和十字滑台将会回到零点的位置。

② 等到平台复位完成后，电机会自动锁死，需要选择 prepare→Disable Steppers→来解锁电机。

③ 依次移动喷嘴到玻璃板四周调节喷嘴与玻璃板的距离。

顺时针旋转平台螺母，平台向上；逆时针旋转平台螺母，平台向下。

④ 粗调时，喷嘴与玻璃板的大概距离是一张纸的间隔，如果距离过大，就要顺时针旋转平台螺母，使平台向上；如果距离过小碰到喷嘴，就逆时针旋转螺母，使平台向下。

（2）微调

选择一个模型开始打印，等打印机开始打印时，眼睛平视打印平台，再次查看喷嘴跟平台的距离，要求大概是一张纸的间隔，然后开始打印调试平台专用的 TS.gcode 文件，通过查看第一层的效果来对平台进行微调，打印完第一层即可停止打印，进行微调和下一次的调试打印。

① 如果出来的丝是呈锯齿状，说明平台和喷嘴距离过大，丝是从喷嘴甩下来而不是刚好贴紧的。这时稍微顺时针旋转螺母，使平台向上，直到现象消失，出现贴紧的线条为止。

② 如果发现出丝过细或者出丝不连贯，说明喷嘴与平台的距离过小，导致喷嘴出丝量过小。这时稍微逆时针旋转螺母，使平台向下，直到出丝量饱满顺畅为止。

③ 调整好平台打印的效果应该是出丝饱满并且线条压平贴紧平台。如果发现打印时喷嘴跟平台距离过大或者过小，请停止打印，重新调整平台，直到平台跟喷嘴距离合适为止。多数情况下的打印失败都是由于平台没调好，所以请按照要求反复调试，确定平台高度已调到较佳；并且在打印第一层的时候，最好看着机器打印，确认机器打印正常后再离开。

2. 准备

主界面上"准备"选项里的各个功能是我们打印模型前要做的准备工作，点击相应的选项即可进行操作，下面我们将会一一进行描述。

（1）机器归零

① 机器自动移动到零点位置，机器归零后 X、Y、Z 坐标值都为零值。

② 点击"准备"进入准备操作界面，选择"机器归零"，等待机器自动回到零点位置。

（2）解锁步进电机

① 解除步进电机的自锁状态，只有解锁步进电机后才能手动移动十字滑台。

② 点击"准备"进入准备操作界面，选择"解锁步进电机"。

（3）进丝

在进料时，我们再一次确认是否把耗材线卡到了送丝机的齿轮，在确认无误后选择"准备"，然后点击"进丝"。这时机器会先归零再下降一小段距离，同时喷嘴也会加热，等喷嘴加热到230 ℃时，送丝机就会把丝均匀顺畅地从喷嘴挤出来了（进料操作机器自动完成，点击"退出"进料停止）。

3. 打印

打印前需要做的准备工作就是调平台，在确认平台调好之后，选择"打印"，然后选择需要打印的 gcode 文件，再次确认打印的 gcode 文件，然后等待机器升温，自动打印。

五、思考题

1. 如何才能建立分子的3D模型呢？

用 Chem 3D 软件，或者使用 CAD 一类的软件。

附录 I 浊度标准溶液的配制

1 零浊度水的制备

参照国际标准 ISO7027 中规定的方法，选用孔径为 0.1 μm（或 0.2 μm）的微孔滤膜过滤蒸馏水（或电渗析水、离子交换水），必须反复过滤两次以上，所获的滤液即为检定用的零浊度水。将该水贮存于清洁的并用该水冲洗后的玻璃瓶中。

零浊度水用于浊度计的零点调整和福尔马肼（Formazine）标准溶液的稀释。

2 福尔马肼（Formazine）浊度标准溶液的制备

1. 浊度计检定中使用国家技术监督局颁布的 Formazine 标准物质，如 GBW12001 400°（NTU、FTU）浊度的 Formazine 标准物质，定值不确定度 ±3%，有效使用期限 1 yrs。

不同浊度值的 Formazine 标准溶液是用零浊度水和经检定合格的容量器具，按比例准确稀释 Formazine 浊度标准物质而获得的。

400 NTU 以上的 Formazine 标准物质必须存放在冰箱的冷藏室内（4~8 ℃）低温下避光保存；已稀释至低浊度值的标准溶液不稳定，不宜保存，应随用随配。

2. 当难以获得 Formazine 标准物质时，可按 ISO7027 规定的方法配制，严格控制条件和试剂用量，方法摘录如下：

（1）仪器和试剂

分析天平：载荷 200 g、感量 0.1 mg 检定合格。

容量瓶：100 mL、一等，检定合格。

移液管：5 mL、一等，检定合格。

硫酸肼（$N_2H_6SO_4$）：分析纯，纯度应大于 99%。

六次甲基四胺（$C_6H_{12}N_4$）：分析纯，纯度应大于 99%。

恒温箱（或水浴箱）：能容下容积 200 mL 的容量瓶，恒温 25±1 ℃，能连续运行 24 h 以上。

零浊度水：见附录 3。

（2）制备方法

准确称取 1.000 g 硫酸肼，溶于零浊度水。将溶液转入 100 mL 容量瓶中，稀释至刻度，摇匀、过滤后备用（用 0.2 μm 孔径的微孔滤膜过滤，下同）。

准确称取 10.00 g 六次甲基四胺，溶于零浊度水，并转入 100 mL 容量瓶中，稀释至刻度，摇匀、过滤后备用。

① 400NTU Formazine 标准溶液制备：准确量取上述两种溶液各 5.00 mL，倒入 100 mL 容量瓶中摇匀。将该容量瓶放置在 25±1 ℃ 的恒温箱或恒温水浴中，避光静置 24 h 后，加入零浊度水稀释至刻度，摇匀后即制成 400 NTU 标准液。

② 4000NTU Formazine 标准溶液制备：准确量取上述两种溶液各 100 mL，倒入 200 mL 容量瓶中摇匀，将该容量瓶放置在 25±1 ℃ 的恒温箱或恒温水浴中，避光

静置 24 h 即制成 4000NTU 标准液。

为了增加配制值的可靠性，可考虑配制多组、多瓶 Formazine 标准溶液，以验证配制的一致性，同时要观测 Formazine 标准溶液浊度值的变化。只有在证明其稳定性良好，在使用期间内量值的变化不超过配制值的 ±3% 后方可使用。配制好的溶液应在 4~8 ℃的低温避光环境下储存。

3 浊度标准溶液稀释配制表

浊度标准溶液稀释配制表（总配制量为 100 mL）

需配溶液浓度（NTU）	原液 400 NTU 吸取量（mL）	原液 4000 NTU 吸取量（mL）
10	2.5	—
100	25	2.5
400	—	10
700	—	17.5
1000	—	25

配制公式：$A = \dfrac{K \times B}{C}$

其中 A 为吸取原液量（mL）；B 为需配溶液浓度（NTU）；C 为原液浓度（NTU）；K 为总配制量（mL）。

例，10 NTU 浊度标准溶液配制方法：

吸取 2.5 mL（原液为 400 NTU）标准液转入 100 mL 容量瓶中，加入零浊度水稀释到 100 mL 刻度线，摇匀后使用。

注：经稀释配制好的溶液浊度小于 200 NTU 的标准溶液不能长期储存，应随配随用。当溶液中出现明显颗粒时，说明溶液已失效。

附录 Ⅱ 探究型课题指导总则

探究性课题研究对师生的知识储备、资料检索、创新能力、协调能力、动手能力、分析能力、逻辑思维、总结能力、报告撰写能力、表达能力、抗压能力等有很高的要求，也能给师生以全方位的能力训练。

探究性课题研究是目前较新的教学方式，旨在全面培养学生的综合能力，为国家储备高素质的高科技人才。

一、课题研究管理规章制度

1. 总则

（1）为规范探究性课题研究管理工作，提高教育教学的研究水平，如期达成研究任务与预期目标，特制定本制度。

（2）本制度所指的探究性课题以培养、锻炼学生的创新精神和实践能力为目的，课题的实施着力点首先是让学生学会自主学习，凸显学生的主体地位；其次，老师也可承担起组织者、引导者、参与者的责任。

（3）承担探究性课题项目的人员既可以是学习表现优异、在科研探索方面具有潜力的在校学生，也可以是对本课题感兴趣的老师。

2. 课题研究的组织管理

（1）参与探究性课题研究采取自愿报名、学校审核的原则，最后确定课题组成员。

（2）课题负责人（如组长）和主要参加者必须有一定的理论素养，较强的研究能力，并在该课题领域进行过前期调查和研究，具备按计划完成课题的主客观条件。

3. 课题的组织职责

（1）课题负责人要不断学习，努力丰富知识，提高研究能力和专业素养。负责制订课题实施方案，并向主管部门提出课题论证申请。制订课程研究阶段计划，撰写课题研究进展及阶段总结。定期召集课题组全体成员开展研究活动，做好课题研究总结，保障课题研究落实到位。

（2）课题组成员要坚持"求真、求实、求精、求证"的态度，把探究性课题做好，努力全面提升自我。

（3）课题组成员须加强理论知识学习，通过文献检索、专业书籍查阅等充实课题研究相关内容，并做好学习记录。

（4）课题组成员要严格执行课题研究方案，准时参加每次课题组活动，做好分析记录，并执行落实。

（5）课题组成员要在实验前期对学生存在的差异情况进行调查摸底，及时收集并保存好各种原始研究资料，同时做好相关检索和数据分析，建立完整的课题研究档案。在课题研究过程中，及时总结经验、整理数据、撰写报告或论文，决不从网上、报刊或文献中抄袭他人论文作为自己的研究成果。凡引用他人观点、方案、资料、数据等，均须加以注释；凡转引文献资料，均须如实说明。

4. 课题的日常管理

（1）课题由学校培训处和课题负责人共同管理。

（2）学校培训处对课题可采用多种方式不定期进行检查，以了解研究情况。每年学期末或定期，课题负责人向学校教导处提交学期课题阶段性小结报告（内容包括阶段研究成果、实验进展以及下阶段研究计划等）。

（3）课题在研究时，应建立必要的档案和记录，以备查阅。

（4）在课题研究过程中，课题负责人应维护课题研究的严肃性，对"实施方案"确定的研究目的、主要内容、研究方法不能随意改变。如需做出重大改变，则须提交书面报告，经课题主管部门同意后方可进行。

（5）在研究过程中，因各种原因无法进行时，课题负责人应主动及时以书面形式向学校相关科室提交报告，阐明理由，并提出终止要求。

（6）课题在规划到期后，没有形成成果或者形成的成果与预期目标相差太远的，将做课题研究终止处理。

5. 课题结题与鉴定

（1）课题负责人应按计划完成课题研究工作。

（2）课题结题时，课题负责人应对研究成果进行总结，并写出结题报告，必要时可组织专家进行鉴定。

（3）课题研究成果的形式分为研究报告、科研论文、专著、专利、在科技竞赛中获奖等。

（4）若课题到期因故不能完成，课题负责人应以书面的形式主动向相关部门或相关负责老师提出延长课题研究的要求，经批准后方可延长。

6. 成果推广

课题成果的推广和宣传是进行课题研究的一项重要内容，也是体现课题价值、产生效益的一项十分有意义的工作。课题负责人应重视课题成果的推广工作，并制定出相应的措施，确保研究课题的开展。

二、江苏省苏州第十中学校探究性课题管理领导小组

组长：

副组长：

组员：

成立该小组的目的是确保江苏省苏州第十中学校探究性课题管理制度的有效实施和有效监督，指导课题小组按照研究方案开展课题研究，对课题研究过程进行检查。培训处应定期召集小组开会，及时反馈和总结课题研究过程中出现的问题和获取的经验，并及时向课题研究小组反馈或提出纠正意见。每次会议的内容由培训处记录备案。

三、探究性课题的具体实施步骤和研究过程

此处概述整个研究性学习活动时间的安排及各活动之间的关系，包括评价的设计。

1. 探究性课题研究的具体实施步骤

探究性课题研究主要包括立题、分组、开题、课题进展、数据分析和讨论、结题报告、结题答辩、成果宣传等。具体内容如下：

（1）发现问题。

（2）提出和选择课题。

（3）组成课题组。

（4）选举小组长、共同设计小组实施方案。

（5）课题报告、实施方案评审。

（6）小组独立实施、教师监控、指导。

（7）形成小组报告，个人、小组总结。

（8）成果展示（班级展示、同学评议、答辩会、年级报告会）。

（9）评定成绩、总结、反思。

探究性课题时间阶段		学生活动	教师活动
第一阶段 动员和培训阶段 （初步认识探究性课题研究）		学习探究性课题研究的相关基本知识，如研究方法等	1. 介绍探究性课题 2. 介绍研究方法 3. 经验分享
第二阶段 课题准备阶段	提出和选择课题	列出课题名称	提供课题选择范围
	成立课题组		协调分组情况，组织小组分工，选派组长
	形成小组实施方案	小组讨论研究，确定研究方案	引导方案确定
	开题报告和评审	书写开题报告	指导书写课题报告、评审开题报告
第三阶段 课题实施阶段		整理分析数据 课题研究 进展报告	指导研究过程 监督研究过程 指导资料整编
第四阶段 评价、总结与反思阶段		成果展示 分享交流 总结反思	评价交流 研究总结 成果推广

2. 课题研究的第一阶段：研究起始立题阶段

成立课题组，课题组的成员首先进行文献资料的准备，展开调查，全面掌握课题相关基本知识。然后，通过对调查结果的分析，对课题研究的价值和可行性进行初步论证，拟订课题研究方案并申请立项研究。最后明确研究目标、方法以及具体内容，形成开题报告。具体包括：

（1）立题阶段——选题的原则

① 选题应该具有科学性。必须观点正确。

② 选题应具有可操作性。必须考虑中学生的能力、精力的限制和客观条件。

③ 选题应具有开放性。探究性课题的选题要给学生留有一定的探索空间。

④ 选题应具有一定的综合性。允许学生融会贯通，多角度、全方位地认识问题。

⑤ 选题应联系实践。要充分挖掘社会和生活当中的材料，把理论和社会实践紧密联系起来。

⑥ 选题的切入口不能过大。应该从小处着手，深入挖掘。

(2) 立题阶段——选题的来源

来源（1）：细心地观察周围的事物，发现自己感兴趣的问题。

来源（2）：社会上的热点问题。

来源（3）：从自然景观、历史文化、城市特色、地方特产中选择课题。

来源（4）：从课外读物中寻找课题。

来源（5）：从课本中寻找。

(3) 立题阶段——容易出现的问题

① 选题缺乏科学性。例如"体育彩票中奖规律研究"。

② 选题过大。例如"国有企业在中国、城市流动人口的调查和思考"等。

③ 选题过分抽象。例如"对我市中学生心理健康水平的调查"。

④ 选题不具备实施的条件。例如"洗衣粉中不同成分对鱼苗发育的影响研究"。

(4) 立题阶段——组成课题小组

有效的合作学习；组内异质（能力类型互补）；小组有明确的目标；小组成员的个人职责明确；均等的成功机会。

(5) 立题阶段——开题报告和评审

开题报告的环节：

① 小组成员的介绍。

② 陈述报告（介绍课题的确立过程）。

③ 专家提问、学生答辩。

④ 对学生的指导：开题报告的具体形式；掌握一些必备的制作报告的技巧。

(6) 立题阶段——实施方案的书写

明确实施方案的内容：

① 要做什么：研究什么题目？为什么要研究这个题目（其意义和价值）？是否有能力完成这个题目？

② 怎么做：技术路线是怎样的？每个阶段的目标任务和时间安排是怎样的？工作步骤和程序是怎样的？组内同学的分工情况如何？信息和资料来源？可能遇到的问题及如何避免？关键性问题？可行性分析？

③ 做成什么：预计最后的成果形式是什么（论文、调查报告、实验报告……）。

课题实施方案表（参考）

课题名称			
所属年级		所属班级	
课题组长		指导教师	
课题组成员及工作分工			
课题的意义与价值			
研究的步骤与方法			
研究条件与分析			
预期成果及表现形式			

填表人：　　　　　　　　填表时间：

3. 课题研究的第二阶段：探究性课题实施阶段

在立题阶段，学生已经选定了课题，形成了研究的假说，明确了实验的目的，也确定了指导实验的理论框架和实验过程中的变量，选择了合适的设备和相关分析方法，确定了基本的实验步骤等。在接下来的实验实施阶段，探究小组要按照实验设计进行实验，观察实验现象，收集记录实验数据；分析实验数据，及时对照实验计划进行资料更新（图书馆、搜索引擎、社会机构、名人专家、老师家长、工具书等多种渠道并用）；及时根据实验分析进行实验方案调整，形成进展报告；及时跟导师讨论，优化更新实验方案，继续完成课题目标。

（1）实施阶段——问题和对策

① 研究过程过于简单

表现：热情减退、敷衍了事、轻率下结论。

对策：加强科研方法指导和相关背景知识的介绍，把课题研究逐步引向深入。

② 组织纪律涣散

表现：自由散漫、自控能力差、违纪违规。

对策：明确纪律、加强监督、动态管理。

③ 团队合作差

表现：组长单干、组员旁观、缺乏合作、你推我让、拈轻怕重、缺乏责任。

对策：合理分工、加强交流，调动每一位学生的积极性，明确团队合作在评价中的比重。

④ 师生合作不默契

表现：教师指导失误，学生过度强调自主性。

对策：转变观念，加强交流合作，倡导平等民主的师生关系。

⑤ 调查和访谈受到挫折

表现：拒绝采访、冷嘲热讽、冷漠对待。

对策：加强公共策略指导，争取社会的理解和支持，指导学生做好准备和设计。

⑥ 研究方法欠缺或不规范

表现：不知道常用的科学研究方法；应用的步骤也不规范，缺乏必备的技巧。

对策：对学生进行常用的研究方法的培训，举办培训讲座；跟踪和答疑。

4. 课题研究的第三阶段：实验结果的总结评价阶段

实验结果的总结评价阶段：对实验数据、资料进行处理分析，确定误差的范围；对研究的假设进行检验，得出科学的结论；形成完整的研究报告；完成成果宣传初步版本。

在这一过程中，认真总结前一阶段研究的得失，完善并提出后一阶段的研究方案。查阅文献和相关资料，分析和验证实验结果。进一步整理资料，收集分析研究成果。研究小组对课题研究和所开展的工作进行系统反思，有针对性地加以思考、完善、整理和升华，撰写研究报告。汇总小组成员的相关成果，总结实施中的经验，形成合理性规律，完成结题论证，准备接受专家委员会的评估，并结题。（注意整理课题研究期间取得的原始资料和样品）

（1）总结评价阶段——问题和对策

① 结题阶段

- 处理材料、提炼观点。
- 总结研究成果、撰写结题报告。
- 成果的展示和交流。
- 结题答辩。
- 成果的鉴定和评价。

（2）结题报告的类型

① 调查报告的内容：调查的目的；调查的方法；调查的时间；样本的情况；调查的内容；调查表的分析；分析结果；结论。

② 科学实验类型：实验目的是什么？实验材料是什么？实验过程如何？由实

验得到哪些数据？这些数据是如何处理的？由数据的分析得出什么结论？有待讨论的其他问题等。

四、探究性课题研究实施过程中应该注意的问题

探究性课题研究对师生的知识储备、创新能力、协调能力、动手能力、分析能力、逻辑思维、报告撰写能力、表达能力、抗压能力等都有很高的要求，但也能给师生以全方位的能力训练。在探究性课题的实施过程中，需要注意以下问题：

1. 全盘计划

探究性课题研究是一种开放式研究，但开放不等于放任，不能只放不收，不能想到什么就探究什么，必须有一个全面系统的全盘计划。作为探究性研究的主导者，教师首先应对探究性研究进行科学的设计，在活动的安排上，应有一定的梯度，应遵循由浅入深、循序渐进的原则。课堂教学的主线要清晰。鼓励学生提出问题，并不意味着学生提出的问题都有必要作为探究性课题进行研究。

2. 注意知识的获取

探究性课题研究是既重过程又重结果的学习活动。科学知识是探究性课题研究的基础，是探究性课题启动的必要条件。科学知识的获取过程贯穿探究性课题研究的整个阶段，包括立题、开题、课题进展、数据获取和分析、总结报告、前景展望等。可以说，探究性课题的研究学习和科学知识的获取是同等重要的。

3. 了解适用的范围

探究性课题研究是一种重要的能力训练和学习方法，是值得提倡的。但不是每堂课的一切知识都应该通过探究的方式获得，也不是每一堂课的学习内容都适合探究，比如一些概念性的知识教学等。学生的学习方式一般有"接受式"和"发现式"两种。在传统的教学中，过于突出和强调接受和掌握，忽视发展和探索，从而使学生变成接受知识的机器，忽略了学生非智力因素的培养，阻碍了学生的全面发展。因此，在强调探究性课题研究的同时，要注重多种学习方法的综合运用。事实上，灵活多样的学习方式更有助于提高学习效率。

4. 探究过程的步骤

探究性课题研究大致涉及七个步骤，但并非所有的探究性课题研究都需要明确具备这七个环节，也不是这些环节的顺序一成不变。课堂的探究性实验研究活动并不追求探究的完整性，它可以只是探究步骤的一部分，如只是一个猜想。比如教授"浮力"的概念时让学生通过观察猜想材料漂浮在水面的原因，从而引出浮力的概念。又比如探究"摩擦生热"的随堂实验，只需要一个猜想和一个搓手的动作，就使学生感受到探索带来的喜悦。再例如探究"固体传声"随堂实验，也只需让学生将耳朵贴在桌面上，然后用手指轻轻敲击桌腿，一个小小的动作就可以支撑探究性课题的核心研究。

5. 尊重学生的个体差异

探究性课题研究要考虑学生的现状，尊重学生的个体差异。在探究活动中应允许学生出错，允许学生失败。科学的历程本身就充满着失败和曲折，没有先辈科学家经验的积累和错误的教训，我们的科学殿堂也不会有现在的宏伟辉煌。我们不可能要求所有的学生都比前人聪明，都是不犯错误的圣贤。失败可以使学生认识到科学探究并不是一帆风顺的，从而品尝到科学探究的艰辛。从学生探究能力上来说，探究能力的形成和发展也是一个循序渐进的过程，他们不可能一开始就有独立从事探究学习的能力。因此，教师在开展探究教学时，要根据各种实际情况，充分发挥主导作用，逐步过渡到让学生学会独立的探究性课题研究学习。

6. 注重实验

实验探究教学需要大量的实验设备，目前江苏省苏州第十中学校为学生准备了非常丰富的实验设备，足以支撑探究性实验研究的基本实验内容。探究性课题小组师生应充分发挥资源优势，利用好实验条件，做好课题相关探究。

7. 课时灵活性安排

探究性实验涉及实验操作、现象讨论、数据分析、实践调整、科研探索等多个方面，具有很大的时间灵活性。有时，课程计划并不一定能严格按照时间执行。例如，原来设定好了课堂时间，但是有延时的需要，这时，教师在课时上应当及时做适当的调整，有时可能需要 2 个课时或者 4 个课时的连续安排。

8. 适当的思路引导

让学生进行探究性课题研究，并非是让学生把科学家在长时间内得出的规律在一两个课时内通过实验探究去获得，而是必须配以适当的思路引导，充分发挥学生的创造性、主动性。思路引导的程度要把握好，过于简单的话，学生可能会无从下手；过于详细的话，就同传统实验教学没有差别了。一定要留给学生独立思考、自己动手、分析解决问题的空间。教师一定不要严格控制探究的进程，牵着学生的鼻子搞"探究"，怕这怕那，放不开手脚。

探究性实验研究需要一个不断反馈、调节后才会找到方向和突破口的过程，而学生在初步尝试中其自身反馈的意识和经验都有不足，在遭遇挫折后又难免停滞不前，因此在探究性实验研究学习中，教师要注重学生的组间交流与合作，适时予以反馈、点拨和鼓励，但也不能主导过多，以免使探究性课题研究流于形式。同时教师要彻底实现自我角色的转变，由传统的课堂主宰者变成学生学习的组织者、促进者、引导者和合作者。

9. 注重情感教育

在探究性课题研究中，教师要注重情感教育，在课堂上重视构建新型师生关系，营造宽松、和谐、民主、平等的学习氛围。教师在设计自己与学生、学生与学生共同探究的教学环境时，应注重交往中的情感因素，用自己对学生的深厚情感去引发学生积极的情感交融，激发学生主动性探究的浓厚兴趣，使学生自主且乐于进行探究性实验研究。

探究性实验研究本身没有固定的刻板的模式，教师应在深刻领会探究性实验研究的基础上，结合教学实践，随机应变，灵活处理教学过程中出现的各种问题，引导和帮助学生自觉、主动、自信地进行创造性、探索性的科学研究活动。

附录Ⅲ　实验室安全规章制度

1　实验室安全管理规定

一、实验室是教学科研的重要基地，实验室的安全管理是实验工作正常进行的基本保证。凡进入实验室工作、学习的人员，必须遵守实验室有关规章制度，不得擅自动用实验室的仪器设备和安全设施，不准在实验室吸烟、就食，不准随地吐痰。

二、实验室工作人员及参加实验的人员必须认真学习有关安全条例和安全技术操作规程。每次进入实验室进行实验，必须在日志簿上签到。

三、实验室内安全设施、标志必须齐全有效。

四、实验室供电线路的安装必须符合实验教学的需要和安全用电的有关规定，定期检查，及时维修。

五、实验室要做好防火、防触电等工作，要配备灭火机等消防器材。

六、实验室要采取防盗措施，加强安全保卫工作，非实验室工作人员不得进入仪器保管室内。

七、每日最后离室人员要负责检查水、电、门窗等有关设施的关闭情况，确认安全无误，方可离室。节假日前各室人员应进行安全检查，并做好记录。

八、对实验室存在的不安全因素，要及时向有关部门反映，整改，若发生安全事故，应在采取补救措施的同时如实报告有关部门，对造成安全事故者，应根据情节轻重，按有关规定及时处理。

九、实验室工作人员作为实验室安全防护的当然责任者，应随时随地按照本制度进行检查，做好安全防护工作，校领导要经常督促检查。

2　实验室安全操作规范

一、穿着规定

1. 进入实验室，必须穿戴工作服。
2. 进行危害物质、挥发性有机溶剂、特定化学物质或其他毒性化学物质等化学药品及生物样品操作，必须穿戴防护具（例如防护手套等）。
3. 进行实验时，严禁戴隐形眼镜（防止化学药剂溅入眼内而腐蚀灼伤眼睛）。
4. 必须将长发及松散衣服妥善固定，且在实验室内不得穿拖鞋。
5. 操作高温（低温）实验，必须戴防高温（低温）手套。

二、饮食规定

1. 严禁在实验室内吃东西、喝饮料。
2. 禁止在实验室的冰箱或储藏柜内储藏食物。

三、试剂存储及操作相关规定

1. 操作危险性试剂时，必须严格遵守操作守则，严禁自行更改实验流程。
2. 使用试剂时，要首先确认容器上标示的名称是否为需要的实验试剂。确认药品是否为危害品，有无警告标识。
3. 使用挥发性有机溶剂、强酸强碱、腐蚀性试剂、有毒试剂等必须在通风橱内进行操作。
4. 有机溶剂、固体化学药品、酸性和碱性化合物均须分开存放，挥发性的化学药品必须放于通风良好的试剂柜内保存。
5. 避免独自一人在实验室做危险实验。
6. 做危险性实验时必须经实验室负责人批准，有两人以上在场方可进行，节假日和夜间严禁做危险性实验。
7. 做有危害性气体的实验时，必须在通风橱里进行。
8. 进行实验操作时（涡旋、挥干、吹干等），严禁容器口对着人。

四、用电相关安全规定

1. 实验室内电气设备的安装和使用管理，必须符合安全用电要求，大功率实验设备用电必须使用专线，严禁与照明线共用，谨防因超负荷用电着火。
2. 实验室内不准乱拉乱接电线。
3. 实验室内的用电线路和配电盘、板、箱、柜等装置及线路系统中的各种开关、插座、插头等均应经常保持完好可用状态，空气开关功率必须与线路允许的容量相匹配。室内照明器具都要经常保持稳固可用状态。

4. 实验室内仪器设备凡本身要求安全接地的，必须接地；要定期检查线路。

5. 实验室内不得使用明火取暖，严禁抽烟。

6. 手上有水或潮湿的，禁止接触电器用品或电器设备。

7. 实验室内的鉴定人员必须掌握本室仪器、设备的性能和操作方法，严格按照规程操作。

8. 每日值班老师或最后离开实验室的人员要负责水、电、气体、仪器、门窗的安全检查。

五、压力容器安全规定

1. 气瓶应专瓶专用，不能随意改装其他种类的气体。

2. 气瓶应存放在阴凉、干燥、远离热源的地方。

3. 搬运气瓶要轻要稳，放置要牢固。

4. 各种气压表一般不得混用。

5. 氧气瓶严禁油污，注意手、扳手或衣服上的油污。

6. 气瓶内气体不可用尽，以防倒灌。

7. 开启气门时应站在气压表的一侧，不准将头或身体对准气瓶总阀，以防万一阀门或气压表冲出伤人。

8. 不定期检查各类气体钢瓶压力表是否正常，并填写"气源使用情况表"。

六、环境卫生及条件

1. 实验室应注重环境卫生，保持整洁。

2. 垃圾的清除及处理必须合乎卫生要求。垃圾应按指定处所倾倒，不得任意倾倒堆积。生物垃圾应定期收集后放在指定位置，由相关有资质部门处理，并填写"实验室废弃物交接记录表"。

3. 凡有毒性或易燃的垃圾废物，均应特别处理，以防火灾或有害人体健康。

4. 实验室人员应养成随时拾捡地上杂物的良好习惯，确保实验场所清洁。

5. 实验室环境必须满足相关仪器要求。

6. 污物污染地面或工作台时应立即清理干净。

七、安全防护

1. 防火

① 乙醚、酒精、丙酮、苯等有机溶剂易燃，实验室不得存放过多，切不可将

其倒入下水道，以免集聚引起火灾；万一着火，应冷静判断情况，可根据情况，用干粉灭火器灭火。

② 实验区域须配置干粉灭火器、烟雾报警器和喷淋装置，并定期检查。

2. 防爆

① 有机溶剂包括苯、乙醇、乙醚、丙酮、乙酸乙酯等可燃性有机溶剂与空气混合至爆炸极限，一旦有热源诱发，极易发生爆炸。这些物质要密封保存，试剂防爆柜必须接地，并保持室内通风良好，防止其蒸气散失在空气中引起爆炸。

② 过氧化物等易爆物质受震或受热可能发热爆炸，这类物质要防震，并置于阴凉干燥处保存。

③ 当大量使用可燃性气体时，应严禁使用明火和可能产生电火花的电器。防爆柜内须安装气体报警装置。

④ 强氧化剂和强还原剂必须分开存放，使用时轻拿轻放，远离热源。

3. 防灼伤

① 除了高温以外，液氮、强酸、强碱、强氧化剂、醋酸等物质都会灼伤皮肤；应注意不要让皮肤与之接触，尤其防止溅入眼中。

② 实验室应配置洗眼器和紧急喷淋装置，并对所有实验人员进行必要的培训和考核，必须定期检查装置是否正常。

八、实验室伤害的应急处理

1. 普通伤口：以生理盐水清洗伤口，以医用胶布固定。

2. 烧烫（灼）伤：以冷水冲洗 15～30 min 至散热止痛→以生理盐水擦拭（勿以药膏、牙膏、酱油涂抹或以纱布盖住）→紧急送至医院。（注意事项：水泡不可自行刺破）

3. 化学药物灼伤：以大量清水冲洗→以消毒纱布或消毒过的布块覆盖伤口→紧急送至医院处理。

4. 药物中毒，应紧急送医院处理。

九、废弃物及检材处理

实验室内废弃物和检材应严格按照符合规范的方式进行处理。

十、其他

1. 无关人员不得擅自进入实验室和动用实验室内设施。

2. 实验场地一律不准对外开放，外来人员参观实验室要经领导批准，并填写外来人员进入实验室登记表，同时向其说明安全要领。

3. 实验室发生事故时，管理人员应积极采取应急措施，及时报告领导和责任部门。

3　科学探究实验室安全制度

一、实验室是教学、科研的重要场所，在做实验时要始终贯彻"安全第一"的意识，保持高度警惕性，及时消除一切不安全因素，防患于未然，以确保人员和设备的安全。

二、学生进入实验室，必须接受实验室安全教育，遵守实验室各项管理制度，严格按实验程序和设备的操作要求进行实验，不听指挥者停止实验。

三、严格制定实验室的各种安全防范措施，仪器、药品室内要求具备防火、防气、防盗、防爆、防电、防毒等设施和器材，并定期检查、更换，确保其正常、可靠、有效、齐全，各种安全设施不准任何人以任何借口借用或挪用。

四、实验时严禁带电工作（如带电接、拆线），有电导线不能裸露；危险品要有专人妥善保管；水电要安排专人管理；实验时要配备消防器材，如灭火器，并将其放在妥当的地方；下班时要关好水、电、门窗。

五、实验教师及负责人要检查仪器，确认仪器仪表是否完好，以及仪器仪表的安全情况；若发现有异常，及时维修有故障的仪器仪表，防止事故发生。

六、非实验人员不得随意进入实验室，严禁将私人物品放入实验室。

七、实验室的钥匙只能由实验室负责人、实验教师配有，其他人员不得配置钥匙。

八、做好实验室试剂耗材的使用登记，危险试剂取用须建立负责人审批制，做好详细记录。

九、违章操作、玩忽职守、忽视安全而酿成火灾、被盗、贵重仪器损坏等重大事故，要立即报告学校及上级主管部门，对事故责任人按规定严肃处理。

4　科学探究实验室教学仪器管理制度

一、教学仪器是开展实验教学必备的物质条件，是学校财产的重要组成部分，教学仪器只许用于教学活动，不准挪作他用。

二、要建立科学的教学仪器档案。学校要建立仪器、设备总账，各学科实验室要建立明细账，还要建立低值易耗品明细账和仪器清册，做到账物清楚、账账相符、账物相符。

三、上级调拨和自购的教学仪器，要及时验收、入账、上柜，由实验室统一保管。学校自制的教具应集中上柜，核算成本后单独登记造册。

四、教学仪器要按匹配目录顺序编号或教材章节顺序陈列，合理存放。仪器橱柜上要张贴标签，注明编号、名称和数量等；每件仪器也要贴标签，标明名称、规格、序号（微型仪器和玻璃器皿除外）等。仪器室要保持通风、干燥、整洁，不得存放杂物。

五、各学科要根据仪器的特点，做好防尘、防潮、防腐、防火、防光、防震、防爆、防磁等养护工作。教学仪器说明书要分类整理保存，编好目录、索引、装订成册，以便老师查阅。

六、教学仪器校内借出要及时做好借还登记；若有外校借用仪器设备用于教学，须持对方证明，经分管领导批准，并做好借还登记工作。

七、学校每学年要全面清查一次教学仪器，清查结果要报告校领导。上级主管部门有权对学校闲置、多余和长期不用的仪器进行统一调配。

八、实验完毕回收的仪器要认真清点。在教学中，仪器设备损坏，有关人员必须如实登记，查明原因，明确责任，因合理因素造成的仪器设备损坏或丢失，应及时办理报损手续。对不负责任、违反操作规程损坏仪器设备者，应严肃批评教育，并要求其按原价赔偿；因打闹或故意损坏仪器设备甚至出现严重事故，要处以仪器价值的 2～5 倍罚款，情节严重的要给予行政处分。

九、每学年末，学校各实验室应清查办理一次仪器设备报废手续。对使用期已满，使用效能基本丧失、无法修复或虽能修复但花费太大的仪器设备，要认真填写"实验仪器设备报损报废单"申请报废。

十、实验室工作人员工作变动，必须办理教学仪器账物移交手续，经领导和交接双方三人签字后方可离岗。